la Religion
dans la Démocratie
Parcours de la laïcité

民主主義と宗教

マルセル・ゴーシェ
Marcel Gauchet

伊達聖伸＋藤田尚志◇訳

TRANSVIEW
トランスビュー

本書の企画・編集に際し南山宗教文化研究所の協力を得た。

民主主義と宗教　＊目次

訳者解説Ｉ——ライシテとは何か

伊達聖伸

訳者とは本来、著者の陰にひっそりと隠れているべき存在であろう。少なくとも、日本の翻訳文化の慣例に照らすと、訳者が著者の書き出しよりも前に登場するのは、あまり一般的とは言えない。では、あえて本書の冒頭に訳者解説を付すのはなぜか。それは、本書がヨーロッパ（特にフランス）の歴史や現状を前提として議論が進んでいくからで、いくつかの点についてあらかじめ注意を促しておくほうが、この本の意義がきちんと日本の読者に届くのではないかと思うからだ。また、そのことを強く願っているからだ。もともとこれは編集部の意向だが、訳者はこのアイデアに主体的に賛同した。

もとより訳者には、読者が本書を読むときの姿勢に一定の束縛を加えるつもりはない。ただ、おそらく本書には、日本の読者にとって、すんなり入っていきにくいところがある。それを補うために、本書のひとつの見取り図を描き、一定の予備知識を提供しておくことは有益だと思うのだ。その目的は、啓蒙的な振る舞いによって、訳者の自尊心を満たすことではない。フランスと日本の彼我の違いを強調したいのでもない。真意は逆である。一見馴染みのない言葉や考え方に、躓《つまづ》かないでほしいだけだ。

その最たるものが、冒頭から登場する「ライシテ」という語だ。多くの日本の読者は、まだこの言葉をよく知らない。日本とは関係がないと思うには十分だろう。もう少し学識のある者なら、この語を聞いて、「フランス的例外」のひとつであると連想するかもしれない。そして、ページをぱらぱらめくり、本書の論述の中心がフランスであることを確認する。やはり予想通りだと、性急な感想を抱く。そこに驚きはない。

だが、本書には、それだけでは済ますことのできないものがある。小著ながら、ここには現代フランスを代表する哲学者、マルセル・ゴーシェのエッセンスが詰まっていると言っても過言ではない。ゴーシェの議論はスケールが大きく、その研究の守備範囲は、フランス革命期の歴史研究から、十九世紀の歴史家についての研究、宗教史、さらには精神医学史におよぶ。また、雑誌『デバ（*Le Débat*）』の主筆のひとりとして、現代の民主主義の診断に健筆をふるい、多くの知識人との対話を続けている。このように、ゴーシェの関心は一見多岐にわたるが、その中心はやはり、近現代民主主義の政治哲学にあると断じてよいだろう[1]。西洋近代の影響は現代にまで及び、民主主義という政体のなかで生きる人間は、前代未聞の経験を続けている。これを宗教史の光を借りて明らかにしようとするのが、ゴーシェの議論の特徴だ。

なるほど、日本の近現代の政治史は、ヨーロッパのそれと同じようには語れないかもしれない。

日本の宗教は、キリスト教がヨーロッパ文明の基礎を形作ったのと同じようなやり方で、日本社会の基盤を作ったわけではないのかもしれない。だが、ヨーロッパ発の近代は、近代の唯一のモデルではないにしても、さまざまな近代を勃興させる原動力となったことは間違いない。そのような歴史の力学のなかで、日本の政教関係も組み替えられていった。そこにあるのは複雑な影響関係であって、双方を互いに隔ててしまうような高い壁ではない。だから、日本の宗教と民主主義の関係を解明したければ、日本の内側だけを見ていたのでは不十分で、ヨーロッパの視点を吸収しつつ日本を見つめ直すという、より複雑な手続きが必要である。

いずれにせよ、本書を読み進めていくにつれ、読者は現代日本における民主主義の混迷が、フランスにおけるそれと少なからず通じあっている事実に、驚くのではないかと思うのだ。その理由を突き詰めていくならば、日本の宗教史や政治史を、これまでとは違った観点から読み直していくヒントが得られるのではないか。たしかに、本書の本文中に、日本の話が出てくることはない。だが、日本の読者が本書を読めば、このような新たな歴史叙述の可能性も見えてくるのではないだろうか。

本書の見取り図――民主主義の来歴と宗教性の行方

日本の宗教と民主主義の関係の解明には、おそらくヨーロッパの場合よりも複雑な手続きが必要であると示唆した。だが、政治と宗教の関係は、もとよりヨーロッパにおいても非常に複雑なのだ。そこをゴーシェは、あえて長い歴史のスパンを取り、民主主義の歴史を宗教史のなかに位置づけることによって、その錯綜した関係を解きほぐす。そして、宗教が歴史的に果たしてきた役割に注意を向けることで、現代社会における政治の混迷の原因を解明し、それと同時に、宗教が今どのような姿に変貌しているのかを描きだそうとする。

そのような問題関心を端的に象徴するのがタイトルだ。本書の原タイトルと副題は、*La religion dans la démocratie : Parcours de la laïcité* で、これをそのまま素直に訳すなら、『民主主義のなかの宗教——ライシテの軌跡』となる。ここに暗示されているのは、宗教が次第に民主主義のなかに取り込まれていくプロセスであり、それがとりもなおさずライシテの歴史だということである。(2)

もう少し具体的に見ていくために、以下では、ゴーシェの基本的なものの見方について簡単に論じ、本書で描かれる政教関係史のアウトラインを示していく。そのうえで、「ライシテ」というものをどう理解すればよいか、という話につなげていきたい。

最初に、ゴーシェが語ろうとしているのは「宗教の政治史」だという点を確認しておこう。ともすると私たちは、宗教は個人の内的な信仰だとか、政治とは無縁の私的な事柄だという前提から出発して、宗教のことを考えるかもしれない。だが、このような宗教の姿は、あくまで歴史のなかの一地域において(端的には西欧近代において)出てきた特殊なものである。これに対し、宗教の原初的な姿は政治と深くかかわっており、歴史的に見ても地域的に見ても、こちらのほうが実は一般的である。そこでゴーシェは、人間の集合的秩序・政治形態を力強く規定してきたものとして、宗教をとらえる。このような見方は、宗教を上部構造に還元しようとするマルクスの観点を批判するもので、むしろ宗教の持つ社会的機能に積極的な注意を向ける、ウェーバーやデュルケムの立場と親和的である。(3)

それにしても、なぜ宗教と政治は深くかかわるのか。ゴーシェの考えでは、それは人間の社会が自分自身を理解するときに、「他律」の回路を用いるからだ。政治が自己自身を正当化するとき、宗教という外部を要請すると言ってもよい。人間の社会は、もともとはこうした他律社会であった。ところが、一神教的キリスト教は、「自律」への突破口を切り開いた。たしかに、神を唯一絶対のものとし、それを現世に対して超越させることは、他律への志向をますます強めることであるように見えるかもしれない。だが、ゴーシェによれば、神が人間から隔絶するというまさにこの動きのなかで、人間の世界が人間に委ねられる端緒が生まれている。かくして一神教的キリスト教は、「宗教からの脱出の宗教」と位置づけられる。(4)

もっともゴーシェは、キリスト教の誕生が「宗教からの脱出」を一挙に完遂したと論じているのではない。ポイントは、このような宗教が、近代西洋社会の根幹を形作っているということだ。そしてこの宗教は、近代化が進行するにつれ、人間の集合的秩序や政治形態を形作る原理であることをやめていく。宗教的な他律社会から自律社会への脱出である。

ここでぜひとも注意しておきたいことがある。それは、「宗教からの脱出」(sortie de la religion）とは、たんなる宗教の衰退と同義ではないことだ。[5]「～から脱出する」（sortir de～）というフランス語の表現には、「完了」や「終了」のニュアンス（「ある場所から去る」、「ある時期を終える」など）と、「由来」や「来歴」のニュアンス（「ある場所の出身である」、「結果として生じる」など）の両面がある。だから、宗教から脱け出てきた社会は、脱け出てきた宗教の刻印を、深く刻んだ社会でもある。

この観点は、近代民主主義社会における宗教（的なもの）の位置を見定める際に、決定的に重要である。なるほど、人間の集合的秩序や政治形態を決定づけるのは、もはやかつてのような他律的な宗教ではない。それは、自律的な人間の原理に基づいている。だが、この新たな原理は、宗教からの断絶を果たす一方で、宗教から本質的なものを受け継いでもいる。だからこそ、近代民主主義においても、政治が宗教の顔で現われる場合がある。

もっとも、近代民主主義における宗教は、普通は政治レベルでは明示的な姿を現わさない。宗教は民主主義のなかに取り込まれ、公的で一般的な政治の原理に対し、私的で個別的なものとされる。そう、公式上の宗教の位置は、私的な領域なのだ。これを宗教の「私事化」という。

自律の政治は、それまで他律を唱えていた宗教を私事化する力学のなかで、一定の宗教性を新たに獲得する（それは、私事化された宗教こそが「宗教」と見なされる言説布置のなかでは、表立って宗教とは呼ばれない傾向にあるが）。ここでよく目を凝らして観察すべきは、近代民主主義の（宗教的とも言える）覇権の獲得は、実は宗教との対決を根本的な支柱にしていたということだ。

ゴーシェによれば、現代の民主主義が危機に陥っているのは、この構図が崩れてきているからなのだ。これまでの民主主義の歩みに意味と方向性を与えていたのは、「引き立て役」としての宗教であった。ところが、民主主義のなかに取り込まれた宗教が、民主主義の養分を吸収し、変貌を遂げていくにつれ、民主主義に敵対する存在として民主主義を背後から支える役回りを、演じることができなくなっていった。

このように考えるゴーシェにとって、現代におけるいわゆる宗教復興の潮流は、宗教からの脱出に逆行する現象ではない。むしろ、宗教からの脱出の進行にともなって民主主義の価値が凡庸化したからこそ、宗教的なものが巻き返しているように見えるのである[6]。だからそれは、政治を他律に従属させることを唱える宗教の時代に引き返そうとしているわけではない。

宗教的なものは、政治化していない。むしろそれは、政治の場からの撤退を続けている。ではどこへ行ったのか。ゴーシェは、一定の宗教性を喚起するsacre（戴冠・聖別）という言葉で、国家と市民社会の関係の変化を示唆する。市民社会は十九世紀以来、国家のなかで国家から自由を獲得するようなやり方で発展してきた。公的領域に対する私的領域の発達と言ってもよい（私的領域には、個人のレベルだけでなく、集団のレベルもある）。この関係に何が起こったのか。民主主義の政治を背後から支えていた宗教が変化し、それにつれて民主主義の政治そのものが弱体化した結果、いわば政治のタガが外れて市民社会がむき出しになった。

こうも言えよう。宗教からの脱出の過程で、政治は従来の宗教性を練り直しつつ一定の宗教性を獲得したが、その宗教性が再度変容を起こし、今度は市民社会に降りて来た。これが市民社会の「戴冠」ないし「聖別」である。それにしても、歴史のなかで幾多の変転を経てきた宗教的なものは、ここでもなお宗教性を維持していると言えるのか。ゴーシェはかなり意図的に、sacreという言葉にある、宗教のささやかな響きを利用していると思われる。

いずれにせよ、先ほどの宗教復興の話に戻れば、市民社会の上位にあった国家のタガが外れたことで、市民社会が活況を呈しているために、そこで宗教の看板を掲げるものの姿もまた目につくのである。だがゴーシェの見るところ、それは政治そのものを志向するものではなく、政治に対して承認を求める類のものである。宗教的信仰の問題は、こうして市民社会におけるアイデンティティの問題に変わってしまった。

どうしてそのようなことになったのだろうか。ゴーシェの説明はこうである。民主主義が宗教を取り込むときの葛藤は、必ずしも宗教の抑圧を招いたのではない。むしろ宗教は、民主主義の枠のなかで威厳を与え返された。だが、そのように新たに位置づけ直された宗教は、もはや社会全体の進路にかかわる普遍性を唱える存在ではなくなった。社会の多元性という現実のなかで、さまざまな文化と横並びになった。宗教から超越性が消えたとまでは言えないが、そもそも宗教と敵対していた自律の論理さえも自分のなかに組み込んで、深いところで変貌を遂げた。かつて宗教は、真理の客観性を説き、それを外から個人に押しつけることができた。ところが現代の宗教は、個人の選択肢のひとつであり、主体形成の一手段である。宗教はもはや高みからやってくる「真実」ではなく、アイデンティティ形成に「意味」を与える資源なのだ。

そして、このようなアイデンティティは、宗教の看板を掲げるか否かとは無関係に、そのまま公共空間で声を挙げるための武器になる。ゴーシェは指摘する。従来の民主主義は、個人の特殊な差異を私的な領域において認めつつ、個人が政治参加するときには、そうした差異を括弧に入れるよう要求してきた。ところが現在の民主主義において目立つのは、むしろ私的な差異を公にすることである。これはもはや、従来の意味での政治参加ではない。だが、少なくとも政治に向けてメッセージを発することにはなっている。

政治家は、こうした市民社会からの声に耳を傾け、差異を政策に反映させようとする（少なくともその素振りをして選挙の票を稼ごうとする）。もっとも、政治家が相手にしているのは脱政治化した社会であって、社会に対して物分かりのよい態度で振る舞ったとしても、政治と社会の距離は縮まらず、かえって隔たりが浮き彫りとなりがちである。

いずれにせよ、今日の民主主義は、究極的な目的を掲げる宗教というライバルが、政治の土俵から決定的に立ち去ったため、自分自身で究極的な目的を設定することができない。究極的な目的を探求する声が聞こえてくるとすれば、それは政治目的を持たない市民社会の多元性のなかからである。政治はその声を借用し、政治の領域に反響させる。今日においてもなお、政治領域に一抹の超越性が残っているとしたら、それはアイデンティティと化した宗教の声を聞き取り、それを政治の領域に反映させつつ承認することによって得られる、ごくささやかな宗教性である。

ライシテの軌跡とは

ここまで、本書で論じられる民主主義の来歴と宗教性の行方について概観してきた。スローガン的に言うなら、それは「宗教が世俗を作り、世俗が宗教を作った」歴史である。もう少し丁寧に言うなら、宗教と対峙しつつその本質的な要素を再構成することによって民主主義は確立し、宗教はそのなかで作り直されてきたということだ。

ところで、今まで述べてきたことと、「ライシテ」という（日本語としては耳慣れない）言葉とは、どのような関係にあるのか。実を言えば、今までの議論は、いきなりこの言葉と衝突して面食らうことを避けてもらうための、迂回路のようなものである。本書を読み進めるうえで理解されるべきライシテの内容の概要は、すでに述べられている。

宗教からの脱出を推し進めた主要な担い手としての国家。他律的な宗教に依拠した自己理解に対する、自律的な政治の企て。近代化のなかで覇権を握り、現代ではひとつの曲がり角にさしかかっている民主主義。これらのイメージがきちんと描けるなら、「ライシテ」はもう難しくない。

こう言ってもよいだろう。宗教との対決を通して民主主義が生成してきたことは、フランスにかぎった話ではない。だが、この歴史をフランスの文脈で語るのであれば、「ライシテ」が最大のキーワードとして浮上してくる。

実際、ある意味で、この言葉はフランス特有のものである。他の言語への翻訳が困難だ、さらには不可能であるとも言われている。それだけこの言葉は、フランスの歴史と分かちがたく結びついている。フランス内外の一般的潮流としても、ライシテを「フランス的例外」のひとつに数え、「特殊フランス化」する傾向は強い。研究者のなかにも、この動向をあと押しする者がいる（彼らはしばしばフランス中心主義的な傾向を持つ）。

だが、別の意味では、フランス以外の国や地域におけるライシテを語ることも十分に可能である。ここでは詳しく立ち入らないが、研究者の一部は、ライシテを構成する諸要素を、フランス以外の国や地域にも見出すという戦略を取ることにより、ライシテの「脱フランス化」を進めている。(7)

では、ゴーシェの立場はどうなのか。彼は、宗教からの脱出はさまざまな地域でさまざまな形を取ったが、それをフランスにおいて特徴づけるのが「ライシテ」という言葉だと述べている。この点からすると、ゴーシェはライシテを脱フランス化する立場というより、特殊フランス化する立場に立っているように見える。だが、そこからゴーシェをフランス中心主義者と断ずるべきではない。

そもそもゴーシェは、基本的にフランスの読者を想定して本書を書いていることを想起すべきだ。現代フランスにおいて、ライシテが問題となっているのはなぜなのか。それをフランスの歴史に即して解明していくというのが話の筋なのだ。だから、議論はひとまずフランスを中心に進む。そのうえで、フランス以外の民主主義の歩みにも関係するテーマであるときには、視野を広げてみせる。それは、非常に鋭い洞察と豊かな示唆に富んでいる。

要するに訳者が言いたいのは、次のことだ。本書に描かれるライシテの軌跡は、フランスの歴史と密接にかかわっている。そして、本書を読めば、フランスのライシテの特徴がよくわかるはずだ。だからといって、本書で言われていることはフランス以外には通用しない、などとは思わないほうがよいだろう。

以上の点に注意を促して、以下ではライシテについての事典的な説明からはじめて、ゴーシェが本書において示すライシテの軌跡を簡単に描き出しておこう。

「ライシテ」(laïcité) という言葉は、人民を意味するギリシャ語「ラオス」(laos)、そして聖職者ではない俗人のキリスト教徒を指すラテン語「ライークス」(laïcus) に由来する。「俗人の」(laïc, laïque) という意味では古くから用いられてきたが、その名詞形「ライシテ」は、十九世紀後半のフランスで、政治的野望を抱いていた教権主義的カトリック（本書の用語で言うなら他律志向のカトリック）に対し、共和派が宗教によらない（自律志向の）政治と社会秩序の構築を目指すなかで生まれた新語である。

ライシテにはさまざまな側面があり、それらは互いに重なり合うこともあれば、矛盾することもあるが、要素的に考えるなら、次の四つを基本原理にしていると言えるだろう。すなわち、（一）政治を宗教から自律させること、（二）政治を公的なもの、宗教を私的なものと位置づけることで、国家と諸教会を分離すること、(三)政治は諸宗教に対して中立性を守ること、(四)私的領域における宗教の自由を保障すること、の四つである。

本書におけるゴーシェの議論では、とりわけ一と二の要素が、主要な分析の俎上に載せられているように思われる(もちろん三と四の要素も意識されているが、重要度は相対的に低い印象を受ける)。ところで、これらの要素は、新語としてのライシテが生まれるよりも前から、少しずつ形成される格好で、すでに存在していたものである。

そこでゴーシェは、ライシテの第一段階として、十六世紀末から十八世紀末の動きに注目する。なるほど、十六世紀の宗教改革は、いわゆる近代個人主義のルーツとして、これまでもすでに大きく取り上げられてきた。だが、ゴーシェが注意を向けるのはむしろ、宗教戦争を終結させる歴史のうねりのなかで、国家が宗教を従属させつつ神との直接的な関係に入っていったことだ。いわゆる神授権の確立である。この「絶対主義的」な国家における政治権力は、(宗教的正当化を行なうのだから)なお宗教的であるが、宗教を国家の内部に位置づけ、宗教に対して優位に立つことによって、自律化を遂げつつある。

ライシテの第二段階は、十九世紀初頭から一九七〇年頃の時期までである。そのハイライトをなすのは、一九〇五年の政教分離法である。フランス革命によって、国家の主権者が国王から国民に移り、至高性＝主権(souveraineté)概念が変貌した。たしかに、国王の首をはねたところで、政治権力の中心にあった宗教性もすっかり消え失せてしまうわけではない。それゆえ、共和主義の政治権力にも、宗教的なものは残っている。だが、共和国の政治原理が、宗教からのいっそうの自律性を獲得していることは間違いない。

このライシテの第二段階に特徴的なのは「分離」である。ゴーシェは、政治と宗教の分離が、公私の分離、国家と市民社会の分離に対応しており、またこれが自由化の流れのなかにあることを指摘する。革命期のルソー＝ジャコバン主義には、個人の自由は積極的に認めるが、個人と国家のあいだに挿入される集団を強く警戒するところがある。この傾向は、その後のフランス史でたびたび見られ、今もなお消えてはいないが、この事実にかんがみたとき、十九世紀の新しさのひとつは、私的な市民社会の領域に、個人の自由だけでなく、集団の自由をも認めていった点に求められる。

ここでゴーシェは、ひとつの逆説に注意を促す。共和国の内部に自由の空間を大きく切り開くことは、共和国の権威の弱体化をもたらすどころか、いっそうの安定化をもたらしたということだ。ルソー＝ジャコバン主義的なモデルに背を向ける試みが、結果的に同じモデルの刷新を招いていると言ってもよい。この逆説に即して、ライシテの第二段階のハイライトをなす政教分離法の意義を考えるなら、共和国は、私的領域における宗教の自由を認めることで、その権威が相対化され揺らぐどころか、ますますその威光を輝かせたということになるだろう。

ところが現在、このようなライシテは立ち行かなくなり、ライシテはその第三段階に突入している。何がどう変わったのだろうか。ゴーシェの診断はこうだ。これまでのライシテは、市民社会に自由を与えることによって、国家の卓越性を維持することができていた。それは、他律を志向する宗教が、自律の政治を背後から支えていたからだ。自由主義的な分離に、威厳を与えるからくりがあったのだ。ところが、国家と市民社会の分離を続けているうちに、宗教の水位も民主主義の水位もともに低くなり、市民社会に自由を与えることで国家が高められるという図式が、装置として機能しなくなった。国家と市民社会のあいだの上下関係が崩れてしまった。

ゴーシェはこの事態を踏まえて、民主主義が「ニュートラル」に入ったと述べる。なるほど、ライシテの第二段階において、国家はすでに諸宗教に対して「中立的」(ニュートラル)ではあった。だがこの時点では、他律の宗教との対決が、民主主義の大義に意味を与えていた。しかるに、ライシテの第三段階においては、民主主義はうまく前進することができなくなっている。車のギアがニュートラルに入って、推進力の得られるギアと嚙み合わなくなっている様子を思い浮かべるとよいだろう。

このようなゴーシェの診断が正しいとしたら、この先、民主主義はいかなる形で推進力を取り戻すことができるのか。ライシテはここから、どういう軌跡を描いてゆくのか。それこそが、ゴーシェが読者に最後に投げかけている問いだと思われる。

そろそろ、この長い前座を終わりにしなければならない。

本書は、Marcel Gauchet, *La religion dans la démocratie : Parcours de la laïcité*, Paris,

Gallimard (folio), 1998, 178p. の全訳である。かなり密度が高く、大きな射程を有した本だが、分量としては小著である。非常によく練られたエッセイではあるが、実を言えば、論述の対象の急転換、かなり大きな迂回、議論の仕切り直しなど、やや即興的な書きぶりも目立つ。そこで、編集部の意向も受けつつ、著者が何を論じているのかをはっきりさせるため、原書にはない小見出しをつけ、改行を増やし、さらには思い切って章のタイトルにも変更を加えている。この措置により、原著の放つメッセージが、日本語を媒体とするこの書物において、わかりやすく復元されることを願っている。

翻訳の手順と分担については、伊達が最初から第三章まで、藤田が第四章から最後まで訳したものを出発点に、忌憚なく意見を言い合い、お互いの訳文に大幅に手を入れながら修正を重ねた。相手の担当箇所を自分の担当と同じように見直し、どこからどこまでがどちらの訳文とは本当には言えない地点にまでは持っていったつもりだが、最終的な責任の所在は、第三章までが伊達、四章以後が藤田にある。

翻訳に際して一番意を用いたのは、ほかでもない。それは、なかなか日本語になってくれないゴーシェのフランス語を、できるかぎり平明な日本語にすることであった。このようなことは、改まって言うべきことではないのかもしれない。それは、訳者が最低限果たすべき義務であるはずだからだ。いや、それでも訳者自身が、ゴーシェの議論のスケールの大きさと洞察の鋭さに目を開かれ、本書の命題は「専門家」や「好事家」の範囲を超えて広く知られるに値すると思ったことも、小さくないはずだ。
あとは、原著者自身の語りに任せよう。

註

（1）ゴーシェの著作の邦訳については、すでに『代表制の政治哲学』（富永茂樹・北垣徹・前川真行訳、みすず書房、二〇〇〇年）が刊行されているが、ゴーシェの名は、まだまだ日本の読書界に広く知られているとは言いがたい。ゴーシェ哲学の基本的モチーフについては、宇野重規『政治哲学へ——現代フランスとの対話』（東京大学出版会、二〇〇四年、八八—一〇二頁）に要を得た紹介がある。

（2）この見方については、本書の原書への言及を含む以下の書評論文から示唆を得た。Françoise Champion, «La laïcité n'est plus ce qu'elle était», *Archives de sciences sociales des religions*, n° 116, octobre-décembre 2001, pp.41-52.

（3）ゴーシェの論壇への登場は、フランスでマルクス主義が退潮となった時期に当たっており、彼の宗教論にはポスト・マルクスの色が濃厚である。一九八五年に出たゴーシェの主著のひとつ『世界の脱魔術化——宗教の政治史』は、そのタイトルをウェーバーの用語から借りている。他方でゴーシェは、彼に先立って「政治的なもの」と「宗教的なもの」の関係の探求を進めていたクロード・ルフォールの知的遺産を受け継いでいる。そしてこの探究におけるルフォールの立脚点は、マルセル・モースの「全体的社会事実」という考え方に近い。そうすると、ゴーシェはデュルケム以来のフランス宗教社会学の系譜にもしっかり連なっていることが見えてくる。

（4）Marcel Gauchet, *Le désenchantement du monde : Une histoire politique de la religion*, Paris, Gallimard, 1985.

（5）一九六〇年代の欧米の宗教社会学では「世俗化論」が盛んに論じられ、そこでは近代化にともなって宗教が衰退すると、やや単線的な理解がなされていた。ところが一九七〇年代以降、とりわけ冷戦後の世界では、宗教的なものの復興が見られ、かつての世俗化論のパラダイムの威信は大きく失墜している。ゴーシェの「宗教からの脱出」は、一九六〇年代の世俗化論とは異なり、近代における宗教の「変貌」（「衰退」ではない）に注目する。そのうえで、現代の宗教の特徴を解読しようとしている。

（6）たしかにゴーシェは、この逆説を指摘するとき、慎重に議論の場を限定している。端的に言えば、ヨーロッパの話だというのである。宗教からの脱出が続いているこの地域では、いくら宗教的なものが復興しているように見えようと、それは政治を他律性に従属させる状態への回帰を志向しているわけではない。

では、ゴーシェの議論はヨーロッパ以外には該当しないのだろうか。なるほど、それをそのまま他の国や地域に当てはめるには無理があるだろう。だが、まったく当てはまらないわけでもないように思われる。たしかに、ヨーロッパの外における宗教復興のなかには、政治を他律性に従属させることを目標に掲げているような運動もある。だが、そのような国や地域にも、近代の要素がまったく入っていないわけではなく、そうした運動が強硬路線を崩すことなくマジョリティの支持を取りつけることは、けっして容易ではない。だとすれば、そうした国や地域を全体的に統括する新たな集合的秩序・政治形態の模索は、ある程度、宗教からの脱出の論理を取り入れることになっているのではないか。少なくとも、その論理との関係において、新たな方向性を打ち出すことを強いられているのではないかと思われる。ゴーシェ自身、レジス・ドゥブレとの対談において、次のように述べている。「私の見るところ、原理主義というものは、外側から侵略してきたヨーロッパ近代に対するアイデンティティの反撃としてしか理解できない」（Régis Debrey et Marcel Gauchet, «Du religieux, de sa permanence et de la possibilité d'en sortir», *Le Débat*, n° 127, 2003, p.7）。

（7）とりわけ、フランスのジャン・ボベロ、ケベックのミシュリーヌ・ミロ、メキシコのロベルト・ブランカルテの三人が中心となって執筆した「二十一世紀世界ライシテ宣言」に、ライシテの「脱フランス化」の精神が表われている。同宣言の邦訳は、羽田正編『世俗化とライシテ』（ＵＴＣＰブックレット、二〇〇九年）に収められている。

民主主義と宗教

本文・原註における〔　〕は訳者による補足である。

序　ひとつの深い断絶

現代フランスはさまざまな不安を抱えているが、その悩みの種のひとつにライシテの問題がある。どうして不安が生じているのか、これからその原因を歴史に照らして明らかにしていこう。それにつれて、現代の政治状況を理解する視点もまた見えてくるだろう。

私は別のところで、ある一般的な解釈の枠組みを練り上げたことがあるが、(1) 本書ではそれを応用する。私は、近代の動きの特徴をつかむには、「非宗教化《ライザシオン》」や「世俗化《セキュラリザシオン》」といった用語を避けて、「宗教からの脱出」について語るべきだと提案してきた。このプロセスは西欧社会全体に影響し、場所に応じてさまざまな形を取ってきた。フランスでもこのプロセスがひとつの特異な形を取ったのであり、「ライシテ」という言葉にその特異性が集約されている。重要なのはこの特殊性を踏まえることで、それにより、ライシテが内からも外からも相対化されている現状を理解することができる。

ライシテは現在、ヨーロッパ規模の法的空間に組み込まれて、数ある政教関係の一例を表わすにすぎなくなっている。だが、ライシテが立ち行かなくなっているのは、とりわけ歴史が〔終わることなく〕続いているからであり〔訳註1〕、それにつれて、問題がこれまでの用語ではうまくとらえられなくなっている。この現象はそれ自体で興味深いが、この現象が間接的に照らし出すものは、さらに興味を引く。ライシテがどう再定義されているのかを把握しよう。そうすれば、特殊フランス的なケースや狭い意味でのライシテをめぐる問題を超えて、民主主義の理念と実践の双方で起こっている大変動を把握するための、ひとつの特権的な通路を獲得することになる。

教会と国家の分離、宗教と政治の分離は、政治の価値を高めた。自由を勝ち取る闘いが途方もなく大規模になったのは、神聖なものに対する服従を説いていた陣営と対決したからだ。この対決により政治体制は、超越性をめぐるひとつの了解に達した。その体制のもとで、人間は自分たちに固有の法律を定めるのである。ここに見られるのは至高性＝主権《スヴレヌテ》概念の変貌であり〔訳註2〕、その起源ははるか過去にまでさかのぼる。この変貌が、おそらくはこの国の主な特徴を決定づけ、それは長いあいだ続いた。この変貌によって、フランスは民主主義という発明〔訳註3〕を行なう実験室となった。

宗教の側は粘り強く勢力を保ち、ライシテの側はそれを打倒する野望を抱いた。このような対立に、私たちがどれほど大きなものを負っているのかを、あらかじめ測っておく必要がある。それとの対照で、私たちの伝統がこの四半世紀間に受けている動揺の規模が見えてくる。先に変化したのは共和国ではなく、その敵対者の側、つまり共和国がそれに対峙してみずからを定義しなければならなかった宗教の方である。

およそ一九七〇年頃以降、私たちは知らず知らずのうちに、神的なものの軌道という従来の道筋から逸れ、たとえ遠くからであれはたらいていた神の引力から外れてしまった。もはやどの市民も、自分は超越的なものによって規定されていると思うことができなくなっている。「人の国」〔訳註4〕は人間の作品なので、人を結びつける秩序や分裂させる無秩序を説明するのに神の視点を入れることは、わが国で最も熱心な信者の目には不敬虔に見えるようになっている。要するに、私たちは形而上学的に民主主義者となったのだ。

ここには転換が隠されている。天を信じる者と信じぬ者の関係が完全に変わってしまった。いや、変化したのは構成の配分だけではない。公的なもの〔共和国〕〔訳註5〕についての考え方全体が、現在の変動に巻き込まれているのだ。形而上の存在に依存することに反対して市民が打ち立てたものが、ことごとく土台から崩壊しようとしている。いかなる年譜にも記録されていないこの密かな出来事、間接的にしか探り当てることができないこの密かな出来事。ここに、フランス史におけるひとつの深い断絶がある。以来、私たちは、優に二百年に及ぶ政治的思考の遺産から切り離されつつあるのだ。

国家と信仰の関係、共和国と諸宗教の関係の変化を通して、またそれを超えて起こっているのは、民主主義全体の変化である。そしてその変化は、針路の変更にかかわっている。ここに見られるコントラストの効果が、フランスでは特にはっきりと現われている。私はそれを活用しようと思った。こうして私はライシテの問題を検討し、やがて現在起こっている社会的・政治的な変容の分析へと至った。そこで私はひとつの道筋を見出した。最初はこの道がそんなに豊かだとは考えていなかったが、この先に今後の展開があると思われる。それと同時に、ライシテの問題を掘り下げて分析するにつれて、ジレンマをなす原理も見えてきた。特殊フランス的なプリズムは、紛れもない衰退の様相と、希望を抱かせる再建の様相を見せてくれる。このプリズムは、民主主義の問題含みの将来を占うにも役立つだろう。

この小著は、一九九六年三月、パリのコンドルセ談話会の招きに応じて行なった講演がもとになっている。私を快く迎えてくださった関係者、とりわけジャン・ブシネスクとミシェル・モリノに感謝したい。その後の討論を盛り上げてくださった参加者の皆様にもお礼を申し上げたい。講演発表をそのまま収めたもの、そして新たに書き加えたものは、すでに教育連盟の月刊誌『思想の最前線』に発表されている（*Les Idées en mouvement*, n°44, décembre 1996 および n°58, avril 1998 の補遺)。今回の決定版は、それに大幅な加筆訂正を加えたもので、マリー＝クロード・ブレ、ソフィー・エルンクト、そしてクシシュトフ・ポミアンの批判とコメントに多くを負っている。彼らは、友として、しかし妥協なく私の書いたものを読んでくれた。記して謝意を表したい。

第一章　宗教的なるものの変遷

「序」で素描したライシテの歴史的パースペクティヴについては、次章以降で本格的に論じることとして、本章では前置きとして三つのことを述べておきたい。

「宗教からの脱出」とは

まず、「宗教からの脱出」プロセスという解釈の枠組みで、私が言おうとしていることを提示しておく。宗教からの脱出とは、宗教を信じなくなることを意味するのではない。それは、宗教が世界を構成する力を持ち、社会の政治形態を定め、社会関係の組織構造を規定する世界があるが、そうした世界からの脱出を意味している。

したがってこの「宗教からの脱出」という説は、宗教現象を上部構造の用語で理解することに対し、きっぱりと異議を唱えるものだ。宗教的なものが下部構造に対する上部構造ととらえられるのは、実際には、まさに宗教から脱出した社会においてである。そこでは、下部構造は宗教的なものがなくとも問題なく機能するとされるが、それは間違いで、この錯覚自体も、宗教からの脱出が起こった時代の社会構造に起因する。これに対し、宗教からの脱出という出来事が起こる前の社会では、宗教的なものは、社会が機能するうえで不可欠な構成要素だった。それがやがて、諸宗教は依然として存在し続けるものの、政治形態や集合体の秩序を規定しなくなり、それらの内部に取り込まれる。宗教からの脱出とは、このような世界への移行を指している。

付言しておくと、この移行の途中で、古い社会では宗教の形式をまとっていたものが、社会関係と政治組織のただなかにおいて新陳代謝を起こし、変容する。このことは、実は決定的に重要である。

ひとつ例を挙げる。社会組織で最も目立つ点、つまりその頂点に注目してみよう。この頂点は、この世に国家というものが出現して以来、およそ五千年にわたって、天と地をつなぐ結節点と広く見なされてきた。つまり王権のことだが、社会が王位を廃し、利用できるあらゆる権威を源泉として自分自身を築こうとするようになったこの二世紀来、権力と社会のあいだに生じたことも、この頂点と関係がある。この例で言いたいのは、まず、私たちがあとにした古い世界において、宗教がいかに集合的なものを構成する力を持っていたかということである。実際、政治の顔をした宗教のエッセンスという以外に、王というものが考えられるだろうか。王とは、権力の形に合わせて物質化され意味を与えられた他律性のことだ。この他律性は、上の者が下の者を従えるというヒエラルキー関係を利用して、権力の中心から社会関係の末端にまで行き届く。

ところで、この例が真価を発揮するのは、ここからである。この象徴的な浮き彫りに注目することで、きわだって見えてくることがある。それは、権力を正当化するのに宗教が用いられなくなったとしても、宗教的なものによって担われていた他者性の次元が、魔法のように突然消えたりはしないということである。かつては権力と言えば、他なるものから下ってくるもの、高みから降りてくるもの、人間の意志を超えたところから課されてくるものだった。これに対して、近代の革命――イギリスの革命、アメリカの革命、そしてフランス革命と続く――は、権力を地上に、人間の高さに持ってくる。さらに、権力を下から生じさせるべく、市民の意志を表明する行為によって、それを築き上げていく。かつて権力は、私たちを超えるものを具現していた。もはやそれは、私たちの望みを代わりに表わすものでしかなくなるだろう。この権力は、代表制的と呼ばれることになるだろう。それは、まさに代表という言葉が示すように、被統治者〔としての有権者〕が育むものにほかならない。

ひとつの権力からもうひとつの権力へ。一見したところ、王権と代表制的権力とのあいだには、まったく共通点がない。形而上学的な深淵が両者を隔てている。いや、だが共通点ならあるのだ。少なくとも、かつての「代理表象」の仕組みが変化したことによって「代表制」が生まれていることを認識しない限り、代表制に依拠している私たちの政治体制の歴史の歩みを、きちんと理解することはできない。「神々」の時代の受肉に拠る代理表象から、「平等者」の世界の委任に拠る代表制へと変化するなかで、作用している要素は同じだが、その体裁と配分が変わっている。私たちの政治機構の異様さを理解したいのなら、この事情の総体を吟味する必要がある。

というのも、王もまた王なりに代表者だからである。王の権力が安定するのは、王が自分よりも強力な力をたわめ、万物を支配する神の秩序を人びとのあいだに伝えることができる場合に限られている。王権のシステムの規則は、次のように定めることができるだろう。「王の権力は、他なるものを代理表象して、それと同じものを産み出そうとする」と。事実、王権が絶対的に異なるものを人格化する結果、形而上学的には結び付くはずのないものが結び付く。人間集団は王の仲介によって不可視なものを基盤として互いに結束し、それと同時に、自分たちを統治する権力に身をゆだねる――かくして「政体」は「王の体」に寄生〔訳註1〕する。

これに対して、代表制の政治体制では、システムはちょうど逆方向に機能する。つまり「代表制の権力は、〈自分たちと〉同じものを代理表象するが、別のものを産み出してしまう」。民主主義では、権力は内在を旗印に展開する。権力は社会の表現にほかならず、社会は、民主主義の権力を通して、社会の内側から、自分自身を代理表象する。ただし、民主主義の運営は、権力と社会のあいだの距離を前提とし、両者ははっきりと差異化されている。このことを条件として、権力と社会という二つの極の相似関係が検証される。近現代の民主主義が安定の道を見つけることができたのも、合意に達するためには、完全な一致をいたずらに求めるよりも、距離に同意を与えなければいけないと悟ったときからであった。

こうして、権力と社会は形而上学的には合致するはずなのに、実際には近づくどころか遠ざかっている。両者のあいだに実体的な同一性があればあるほど、機能の違いが目立ってくる。(1) ここに含意されているのは、規範的な超越性ゆえに取り除かれたはずの他者性が、まさに政治メカニズムの内部において社会構成員の目には見えない形で、また名付けえぬものとして復活し、大きなはたらきをするということだ。こうして、かつては明らかに宗教的な形式だったものが、操作概念となって、集合的紐帯の核心部分に位置づけられる。

宗教からの脱出とは、究極的にはこのように、かつて宗教的だった要素が、宗教とは別のものへと変貌を遂げることなのだ。私が「非宗教化」や「世俗化」といった概念に異議を唱える理由もここにある。これらの概念では、このプロセスの究極的な内実が考慮されないからだ。二つの概念とも、語源的に教会制度に由来している点に注意しよう。教会制度が自分自身を規定する努力がまずあって、それとの関係において生じてきた概念である。つまり、教会に属さないもの、あるいは教会の管轄から抜け出したものを指している。そもそもの意味がこうだから、原理的に大きな制限が残ってしまう。〔訳註2〕これら二つの概念では、せいぜいのところ、宗教的なものの法的支配に対して、人間の世界が自律化することを喚起できるにすぎない。

ところが、起こっているのは、それ以上のこと、別のことである。つまり、これまで何千年ものあいだ、人間の世界で宗教の顔をしていた他なるものが再吸収され、鋳直され、練り直され、その結果、人間の世界全体が再構成されるのである。

非宗教化と世俗化

第二の論点は、今述べたばかりのことを言い直して含みをもたせ、補足するためのものである。私が異議を唱えているのは、「非宗教化」や「世俗化」の枠組みでは、どこまで説明や理解ができるだろうかという点に対してであって、それらを用いた記述の妥当性を問うているわけではない。これらの概念では、私たちの世界を独自なものにしている現象の根本を、とらえ損なうように私には思われる――ただし、これらの概念は確かに現象の表面は的確に描写している。要するに、これらの概念は、それに見合ったレベルでは使用できるが、それでは問題は汲み尽くせないということだ。

したがって、記述は次のようになる。ここ何世紀かの規模で起こっているのは、宗教的なものが全体をはっきりと支配していた状況からの転換であり、その結果、宗教的なものの副次化および私事化と呼べるような事態が生じている。そしてこれは、近代の政治に典型的なもうひとつの現象、すなわち市民社会と国家の分離という現象とも関係している。

副次化とは、制度的秩序や共同生活の公的諸規則が、〔天賦のものではなく〕市民の議論と意志の結果と見なされるようになることを意味する。市民は、場合によっては宗教的信念の名において発言することができるが、それは、政治秩序が宗教によってあらかじめ規定されるものではない、という前提を認めた上でのことである――宗教はこの意味で、最高位のものでも公的なものでもない。政治秩序は市民の意志に対して先立つわけでも優位にあるわけでもなく、市民の信条は本質的に私的なものである。まして、その政治秩序が何らかの宗教的理念に従属することはない。むしろ逆に政治秩序は、複数の正当な理念が共存することを可能にするようなものとして構想されなければならない。そのため、教会と国家が法的に分離されるまでには至らないとしても、少なくとも原則的に政治的なものと宗教的なものは分離され、国家には宗教的中立性が要請される。

ジャン・ボベロとフランソワーズ・シャンピオンが最近の仕事で見事に示したのは、宗教的権威からの解放は、ヨーロッパの歴史では二つの様相を示したということだ。この二元性が、非宗教化と世俗化の概念に正確な射程を与えている。一方に、非宗教化のヨーロッパがある。これは、宗派の単一性によって特徴づけられるカトリック諸国に見られ、そこではローマ教会の影響力を取り除くことで公的領域が誕生している。それは、政治権力の毅然たる介入、外科手術にも比すべき介入なくしては起こりえなかった。この衝突に即して、強調点は「分離」に置かれる。教会と国家の分離、政治的領域と社会的領域の分離、公的なものと私的なものの分離、といった具合である。これらの分割はすべて、一貫的かつ同時になされる傾向がある。

もう一方に、世俗化のヨーロッパがある。これはプロテスタント地域のものであり、そこではローマとの断絶を利用しつつ、国教会を公的領域に据え置くことが支配的となった。この場合に往々にして見られるのは、宗教が集合的活動の他のさまざまな領域と一体になって変容することだ。伝統と近代との断絶は、諸教会と国家の争いという形を取るのではなく、諸教会と国家をそれぞれ同じように引き裂く。この動きは、宗教的なものの内部がえぐられることで進んでゆく[2]。公式上、宗教的なものの位置は動かないが、人びとの行動に意味を与える力は少しずつ失われていく。

代替宗教の破綻

第三に、私たちが今いるこの現代という時について述べておこう。この現代という時にあって、私たちは状況から与えられているものを解読しようとしている。ここでは、あたかも歴史の過程がすでに完結したあとで到来したかのように、問題を過去形で語るのでは不十分である。宗教からの脱出は続いている。しかも私たちは、かなり目を引く圧力低減の一段階にいる。この減圧の度合いを見定めることが重要である。実のところ、これが問題を解く鍵である。

この圧力低下を示すものとして、近年、既存の教会の弱体化と、教会活動への参加者の減少が目立っている。ともかくヨーロッパではそうである。このようにヨーロッパを例外として扱うと

──少なくともヨーロッパは例外であるように見える──ありとあらゆる問題を巻き起こしてしまうが、今のところは次の点を確認しておけばよい。それは、宗教からの脱出は、それが始まった場所で続いている、ということである。宗教からの脱出は、ヨーロッパでは劇的な規模にまで及んでいる。そのため、ある者は「ヨーロッパ文化の転回」について語り、またある者は、現在起こっているのは、英語で勇ましく表現される「ヨーロッパの非教会化《アンチャーチング》」なのではないか、と自問するに至っている。

非常に多様な状況のなかで、一致を示す記録データがある。ここでは、それらを国ごとに数え上げる手間は省くが、宗教的実践が衰退し、入信者数が低下し、聖職志願者が減っている。そしておそらく何より注目すべきこととして、聖職者の教導権が弱まっている(3)。自分のことを熱心な信者だと思い続けている人びとにとっても、教会はもはや信仰を規定する権威を大して持っておらず、教義を強いることなどありえない。ましてや、教会が政治的選択を導いたり、生活習慣に規律を与えたりする可能性は、皆無に等しい。

つまり、教会とかかわらなくなった、信じなくなったという形で現われている変化は、もっと深いところでは、これまでの信仰形態そのものや正統性の条件を問い直している。この変化がもたらした信仰の個人化と感覚の私事化は、伝統的制度の内側にまで、その管轄に属する人びとにまで及んだ。あとでまた論じるが、宗教からの脱出のプロセスは、信者にとっての宗教のあり方そのものを変えつつある。これらの特徴はみな、事態の予期せぬ変化でもない限り、大筋としては将来にわたっても続くと考えられる。というのも、それは若者のあいだで特に顕著に見られるからである。

共産主義信仰の死

それにしても、こう突然、泉が枯渇したのはなぜだろう。いちばん目につくものではないにしろ、最も雄弁で説得力のあるヒントは、固有な意味での宗教の領域の外部にある。手がかりは、十九世紀以来入念に作り上げられてきた、宗教の代替物が破綻したことにある。

私が何よりもまず念頭に浮かべるのは、かつて人が「世俗宗教」と呼ぶことができたもの——この表現の意味は慎重に確定される必要があるが、こう呼ばれるにはそれなりの理由がある——が、きれいさっぱり立ち消えてしまったことである。私たちは、繰り広げられる歴史のなかで、新しく生まれてきたものの方をどうしても評価しがちである。それゆえ、消えたものの意味の重さを、ないがしろにしすぎるきらいがある。

とはいえ、二十世紀末の精神に起こった一大事件は、ひとつの死にかかわっていたと言えよう。私たちは、その事実の本当の射程を知ることなしに、地上における救済を信じる革命信仰が死ぬのを間近で目撃した。私たちが見たのは、歴史を聖化する可能性の消失だった——というのも、共産主義の大義が死んでしまったのは、共産主義信仰に対する反証が現実から突きつけられたためというより、むしろ信じることそれ自体が風化したからである。現代の宗教的状況は、この消滅を尺度として判断しなければならない。この消滅によって、二世紀に及ぶひとつのサイクルに終止符が打たれた。この時期は非常に両義的で、こう言ってよければ、宗教からの脱出というプロセスは直線的に進んだわけではない。

他律に即した思考の完全な対極にあるのが、歴史に即した思考であり、これは一七五〇年〔訳註3〕以降に整ってくる。他律の思考は、人間というものは、自分たちに先立ち、自分たちを支配しているものに対して恩義を感じ、またそれに依存するものだと考える。これとは逆に、歴史の思考は、科学・芸術・経済・政治などあらゆる領域にわたる人間の創造的活動を、神聖なものとして確立することに立脚している。過去という、伝統と遺産の時代を評価するのが宗教的思考だとすれば、歴史的思考はこれとは対照的に、未来という進歩と計画の時代を、人間集団が経験する新たな地平として課する。ここに見られる宗教とイデオロギーの対立について、どれほど注目してもしすぎることはないだろう。イデオロギーと言ったが、それは未来についての約束事や自然についての論述、さまざまな社会の生成流転の目的や結末についての説明にかかわる、近代の典型的言説のことであると理解しておこう。この言説は、歴史意識に基づいて発せられる。

それでは終末論〔という歴史意識〕はどうなのだ、と反論する人がいるかもしれない。浅薄な反論である。問題となっているのは、明らかに、同じ「歴史」ではないのだから。最後の審判は、確かに地上の時間に介入し、それを導くが、この見方で際立つのは、ただ神の決定は人智の及ぶところではないということだけである。この視点では、人間が行為を積み重ねた結果や、そこから生まれてくる展開の内的な論理は、まったく考慮されない。

しかしながら、こうした反論に言及することは有益で、不可欠でさえある。というのも、宗教的外在性の対極に位置する歴史的思考様式のベクトルに沿って、宗教的なものが時代のなかで再構成ないし再利用されることは、やはり事実だからである。そしてこれは、歴史に拠る救済の教義〔ヘーゲル＝マルクス主義を指す〕という相貌で立ち現われた。すなわち、人間の共同体は、その意味を完全に解読して、それ自身との和解を遂げるということが、時間の経過のなかで必ず到達する大団円として約束されたのだった。

歴史は、復元の役割を果たす操作主体であった。一八〇〇年頃、ドイツ哲学において、カントの不実な後継者たちは、カントが超感覚的なものについての認識を禁じていたのを乗り越えてゆくが、それを可能にしたのが歴史の要素である。ヘーゲルは、絶対者を人間の時間の内側に取り込みつつ、人間の経験を絶対者の軌道に乗せてゆくが、それは歴史的なものを通じてである。さまざまな人物が相次いで登場し対立を繰り返す歴史の変転の様子は、舞台劇さながらだが、要はひとつの啓示のさまざまな段階として理解できる。この啓示の最終的な答えを、今や私たちは保有している。というのも、私たちは歴史の終わりにいて、歴史の行程は、精神の自己知〔ヘーゲルの用語、人間社会の歴史的自己理解〕への昇華のなかで、もう一度辿り直されているからだ。

今こうして最小限の正確さだけを添えて、〔ヘーゲル流の歴史哲学の〕エピソードに言及したのは、これがいわば母胎のような決定的なものだからである。現代の私たちは、あらゆる意味において、そこから脱出している。そこからやってきた私たちは、そこから逃れようとしているところなのだ。このエピソードから見えてくるのは、近代という時代が、最強の知的図式のひとつを生み出したということである。その魅力は、さほど神秘的であるとは思えない。それは、対極的なものが結び合わされているところから生じている。古いものと新しいもの、信仰と無神論、超越と内在が、分かちがたく結び付いている。このエピソードは、存在の神秘をこの世にもたらす人間の労働に対して、それまでに認められていなかった有効性と重要性を与えている。また、自由に基づく営為を称賛する。ただし、理性の必然的な展開として、行為者たちは摂理の定めた青写真の道具と堕してしまっているのではないかと論を進めるから、それが本当の自由かどうかはわからなくなる。この図式にあっては、人間による克己の行き着く先も、生成流転の内側に収められる。つまり、最終地点までの筋書きと回り道の総体が、積み重ねられながら展開してゆく。そして、その筋道に沿って、計り知れないほどの仕事がなされる。

しかし他方、人間が人間の視点で歴史を聖別することにも理由がある。それは、この最後の瞬間を、人間が自分自身と和解を遂げる場面とし、それを、あらゆるものからかき集められた真実のうちに位置づけるためである。歴史が聖別されることにより、歴史の内在的展開と超越的意味とが再び出会って結び付き、不可視のものが可触の存在として現前する。

この歴史哲学のエピソードに見事に示されているのは、「宗教からの脱出」と「宗教の再発明」の共存である。二つは同じ歩調で歩んでいる。一方で、この上なく大胆かつ理路整然とした思弁の努力が、歴史性——人類が自分自身を形成し、自分自身のことを意識するプロセスとしての歴史性——の発見を、最後まで推し進めようとする。他方、歴史性を推し進める努力そのもののうちに、人間の行動を外から規定するような意味の体系が、宗教的な風貌を帯びて再び現われてくる。とりわけ、人間的なものと神的なものは最終的に合流するという観点が復活する。つまり、人間が自分自身との対決を通して自己を作り上げていく場としての歴史の歩みが、あらゆる矛盾の解決に向かい、また絶対的な学による永遠の平和に向かっていると見なされる。結合を断ち切ろうとした者においてさえ、当人の意図に反して二項が再び結び付く事態が起こっているので、それだけこの連結は魅惑的なのだ。

マルクスは、ヘーゲルにおけるこの種の結合をはっきりと見て取り、容赦なく批判し、そうした結合を捨て去ろうとしたが、彼の意図に反し、結局のところは結合を受け継いでしまっている。それでもマルクスは、ヘーゲルの弁証法にまとわりついていた神学的虚飾を払い落とし、ヘーゲルが「神的・地上的国家」〔訳註4〕と呼ぶ政治上の偶像を破壊した。のみならず、民衆を欺くのに都合のよい神殿の薄暗がりを、俗なる現実というどぎつい光で照らし出し、資本、産業、階級闘争の残酷な現実を突きつけた。マルクスが成し遂げたこれらのことは、生成流転を具体的に知るという点においては驚異的な進展である。だが、この知性は、自分が追い立てている亡霊に逆に取り憑かれている。地に足をつけて歴史的説明をやり直していると見えて〔訳註5〕、実際のところはマルクスも、来たるべき和解という理念的な論理に規定されている。むしろ、マルクスが徹底的に拒絶したはずの宗教的な因子については、最終的に革命的転覆の旗印が掲げられるに至って、おそらくヘーゲル以上に意味深長なものとなっている。

歴史は、現在という時のうちにすでに姿を現わしている破滅的な結末を通して、自らにとっての「他者」へと向かう。歴史は、歴史と反対のものを約束する。これまでさまざまな対立があったのは、何が争点なのかがわからなかったからだが、これからは、人間は歴史に導かれて、歴史固有の謎を解決し、人類の運命を決定的に掌握する。現在における闘争を評価する際には、きっぱりとした反宗教とリアリズムが唱えられるが、あたかもそれによって、未来という他なる性質を持つものへの犠牲的な信仰が増すかのように、あらゆる事態は推移する。

歴史の脱宗教化と民主主義の危機

この混合物にふさわしい名前を与えるのは、どうにも難しい。「イデオロギー」という言葉の利点は、近代の時間とは、神々の時間を転倒し地上の方向に向け直したものだという事実の、決定的なオリジナリティが表わせる点である。けれどもこの言葉では、歴史の展開についての理論のなかに終末論が再び導入される可能性――終末論のないイデオロギーが存在することから明らかなように、これは可能性であってけっして必然的なことではない――のあることが、うまく表現できない憾みがある。

「世俗宗教」という概念を用いると、この終末論的な調子をよく表わすことができるが、この概念にも同様に不都合な面がある。というのは、新たな思考様式は自分に宗教的なものがあることを認めたがらないからだ。それは、基本的にはそれまでの宗教性に背を向けており、宗教的なものは、それまでの宗教性に対して最も敵対的な要素のなかに見出される。したがって、この概念では新たな思考様式の特殊性が伝わりにくく、時代と宗教が拮抗し、本性に逆らいつつも結合するという現象の本質を、とらえ損ねかねない。「世俗宗教」とは、巷《ちまた》にあふれた宗教ではない。そうした宗教になることを断固として拒否するような宗教である。この宗教を引き裂いている二つの方向性〔宗教からの脱出と宗教の再構成〕を、等しく考慮に入れることが重要である。

名づけ方の難しさとは対照的に、確実だと思われるのは、どのような名で呼ぶにせよ、今述べたような妥協形成の動きが、悪夢でもあったかのように、消え失せてしまったことだ。これが不死鳥の死だというのであれば、一時的に翳りを見せたあと、華々しく甦るということも起こりえよう。だが、崩れ去ったのは、原理自体が立ち行かなくなったからである。妥協形成が見られた過渡的な時期そのものが、閉じられたのである。時の歩みによって、維持不可能になったのだ。私たちは現在、まさに有限な歴史の終わり——「目的＝終わり」を旗印として考えることができるような歴史の終焉——を生きている。現時点までのことを総括し、和解をもたらしてくれるはずの脱出口と関係づけて、生成流転を思い描くことはできなくなってしまった。本来ならば、人類はこの脱出口において最後の鍵を手にし、自分自身を完全に掌握した集合性の時代を切り開くはずだったのに。

このようなことになったのは、現代人の知恵が先人たちよりもすぐれているためではない。私たちの歴史感覚が成熟し、深化したためである。歴史意識にも歴史というものがあるのだ。これが進むことで、恒久的と思われた共産主義の城砦がその信憑性を失い、人類が完成された自己知へと至ることは共産主義に具現されているという主張が、馬鹿げて見えるようになったのである。

過去を見る目が、これまでのものとは別のものになっている。現代人が、今という時のなかで自分自身について発見することは、たえず更新されるばかりで、究極的な理解に到達して自己完結するようには定められていない。発見というものは、これまでは常に超越的な必然性に導かれてきたのかもしれないが、今やそのような必然性に出会うことはない。私たちはこの先、けっして謎を解く鍵を手にすることはないだろう。それに、現代人はたえず新たな現実に直面し、自分はこうだと思っていた姿とは違う自分の姿を見出すことを、日々強いられるものだから、現代人にとっては人間そのものが決定的に謎となっている。人類は決定的に人類の営為でしかなく、またその作品が帰属するのも人類にほかならない。しかも、この営為や作品は不安定なもので、いくらでもその意味が見直され、修正が加えられる。歴史性とは、人間の有限性の真の顔なのだ。このようにして、歴史観は突如、いっそう「脱宗教的」になった。

これと対概念の「世俗化」も、宗教に対して勝利を収めた。それまでは、生成流転の表象がやはり宗教的な内容となってしまうことに対して――たとえその自覚症状がなくても、またその事実を否定するのであっても――暗黙の同意が与えられていたが、それがみな、逆向きに機能しはじめた。これは決定的な方向転換である。二百年ものあいだ、人間の歴史的条件の意識化は、理論的には解放的なものでありながら、結果的には何としてでも人間を神々の懐へと連れ戻すのが常だった。ところが、良かれ悪しかれ、歴史意識が進むにつれて、人間はこの執拗な重圧から一歩一歩、遠ざかっている。時間は、太古より宗教によって構造化されてきたが、現代人の現世的な自己理解は――私が言うのは、自発的、日常的、実践的な理解のことである――、はじめて、現実的かつ完全に、これまでの宗教的な時間の構造から逃れている。

問題は、この静かな内破が、さまざまな歴史の神学と、それによって支えられていた政治体制だけにかかわる話なのかということである。そうは思えない。全体主義の体制が、神秘的な正当化の手段を奪われるなり、自分自身の重みで潰れたのは、ひとつの巨大な地盤沈下を最も劇的な形で示しているにすぎない。さまざまな民主主義の歩みも、相当大きな影響を受けている。問われているのは、制度として聳《そび》えていた他律の正面に、自律の計画を打ち立てて、操作概念への置き換えに努めてきた、十八世紀以来のさまざまな概念と教義の全体である。

今日気づかずにいられないのは、これらの概念や教義が、いかに当時の競争と紛争の状況に規定されて形成されたものであるか、そしていかに状況のなかでみずからを定義しなければならなかったかである。外側からの決定に代わるものを築こうとしていたこれらの概念や教義が、外側からの決定を自分たちに引きつけて密かに再導入することができたのも、そのためである。その極端な例については、歴史の目的＝終わりに基づく思考様式として、先に見たとおりである。

民主主義の思考様式の場合は、これとはまったく異なっている。そこでは、宗教的な実質の密かな再注入は、はっきりとは見られない。それでもやはり、信仰の力が及んでいた社会の枠組みのなかで自分の位置を勝ち取り、みずからの姿勢を明らかにしていかなければならなかった点は、民主主義の思考様式の場合も同じである。このような事情が、民主主義の理念や形態についての了解に、絶大な影響を与えたことは確かである。

ここで、ライシテの問題に再びぶつかる。どうすれば、他律の政治につながる信仰のあり方に対して闘争を挑みつつ、民主主義を標榜する者と宗教を信じる者を共存させることができるのか。この方程式を解くに当たって、自律の政治をどう理解するか、という問題が不可避的についてまわった。ラディカルな民主主義——フランスはその揺りかごであった——の考え方を理解するには、このように民主主義をそれにとっての他なるものの前に立たせ、民主主義が宗教にどのような位置を与えているかを、関係的にとらえるしかない。だが、そうだとすれば、自律にとっての他なるものが衰えている現在、また宗教がもはや他律の政治を信頼に足るものにできなくなっている現在、いったい何が起こっているのだろうか。

答えの諸要素は、目の前にある。なにしろ、まさにこのような事態が目の前で起こっているところなのだから。核心は、自分自身の立法者としての人間という姿に必要性と強さを与えていた引き立て役が、消えてしまったことだ。もはや誰も、人間を結び付ける秩序は神から来て、人間は神に結び付けられているのだと、信じることはできない。少なくともキリスト教的な土地柄では、たとえそう信じたくても、それは不可能だ。これまで、人間には社会秩序を規定する力があり、社会の運営のあり方を決める力があると考えられてきたが、その含意が本質的に変化している。民主主義そのものが、そして民主主義における諸宗教の位置が変化しているのは、このためである。

芸術としての宗教の終焉

課題はまさしく診断によって明らかになるのだから、診断を裏づけてくれる兆候をいろいろと集めてゆくのも無駄ではあるまい。とりわけ説得力があると思われるものがひとつある。これまで検討してきたものに比べれば、あまり目立たず、同じほどの社会的重みは持っていない。だが、これはこれで、天や絶対、神的なものや究極的なもの、それらの類似物や派生物との距離が遠く溝で隔てられてしまったことを、同じくらい雄弁に物語っている。

この兆候が指す事態を、「芸術としての宗教の終焉」と呼ぶことができるだろう。「芸術」の宗教とは、「歴史」の聖別と同じ水源から、同様の状況を踏まえ、並行して生まれたもうひとつの代替宗教である。そして、その片割れと同じ曲率を辿ったり、戯れたりしてゆくことになる。両義性も共有されている。つまり一方で、「芸術」を神聖なものとして確立することは、人間の力を承認し、人間を解放することにかかわっている。「芸術家」とは、すぐれて自由な人間のことであり、形而上学的に言うなら、まさにみずからの活動によって自己を、被造物としての従属的な地位から解放している人間のことである。そして、産み出された作品こそが、まったき創造主としての人間の性質を称揚している。

しかしながら、はっきり言っておかなければならないが、「芸術」を神秘的なものと同じ高さに引き上げることは、まったく別のこと、正反対でさえあることなのだ。したがって他方では、「芸術」に、特別ですぐれた認識や知覚の力を帰することによって、制度宗教の外部に、原初的で未分化な宗教性の領域が開けてくる。専門用語を使うなら、ここでもまたカントの批判によって示されていた限界がすり抜けられている――そして現に、こうした形で問題を提出したのはドイツ・ロマン派の最初の世代であった。つまり、芸術における転換が起こったのは、生成流転する歴史を介在させて絶対的なものへと回帰する動きが出てくるのと同じ時期であり、部分的には同じ者によってなされている。

彼らは次のように主張する。人間は、理性や科学では現象にしか到達できず、物自体にはけっして至れない。しかし、人間は客観的な認識の境界に閉じ込められているわけではない。人間には、物事の生きた姿を直観的につかまえる想像力という能力がある。提示できないものを提示し、見えないものを見えるようにし、知性によって認識されるべきものを感覚的なものにする、象徴という方法がある。要するに、超感覚的なもの、絶対、神的なもの、何と呼ぶにせよ、とにかく現象の向こう側に直接達する手段が残されている。その王道が芸術なのだ、と。[4] このような教説を最初に、そして最も一貫した形で定めたのはドイツ・ロマン主義だが、この教説は他のロマン主義の基底にも見出される。教説がはっきりと打ち出されているかどうかはさまざまだが、どこでも同じ社会的効果をもたらしている。

このように、覆いを取りのける力を芸術作品に与えることで、ひとつの宗教が成立した。サン＝シモンの言う「想像力のある人間〔訳註6〕」が、魔術師に、預言者に、あるいは占い師に仕立て上げられ、来たるべき黄金時代の約束事と、自然や魂の深い真理をともに告げるような啓示を下すと目された。そうでもしなければ聴き取れない物自体の声、世界の最初の語り、存在の秘められた構造、超現実の現前化など、十九世紀このかた、私たちの文化はさまざまな芸術のあり方に応じて、このような彼岸を幾度となく考え出してきたが、その探求は失望するたびに生まれ変わる類のものだった。というのも、芸術の領域では、創意の主観性とそれを提示する客観性のあいだの矛盾が、歴史の領域における行為の自由とそこに至る道の必然性のあいだの矛盾よりも、いっそう甚だしいからだ。

すべては創造主としての芸術家の手に握られている。人びとは芸術家の独創性を称えながら、芸術家の個性的な表現によって魔法にかけられることを望んでおり、それによって、実在そのものが開示されること、作品が実在の最も秘められた部分をも打ち明けてくれることを期待している。芸術の神聖さは、ただ一人の作者に属するが、それが触知可能にしてくれる真実は、個人のパーソナリティを超えてくる。このように二つの方向に引き裂かれているため、芸術の神聖さは維持困難で儚《はかな》い。それでいて、何度でも蘇ってくる執拗さもある。現に、その魅惑的な呼び声はこれまで絶えることなく、人をやむにやまれぬ使命感と前代未聞の自己犠牲に駆り立ててきた。

　このような文化を可能にしていた時期が、終わろうとしているように思われる。芸術の宗教を生き生きとさせていた信仰が、火元から消えてしまって、どうにも撤退するほかなくなっている。教義の題目を単調に繰り返し唱え続けることはできよう。けれども精神はそこから離れてしまった。もはや残っているのはメタファーばかりで、しかもその喚起力は日に日に色あせている。芸術への希望は、信じるに足るものではなくなってしまった。芸術は、もはや私たちを絶対的なものに触れさせてはくれない。存在を直観によって捉えさせてはくれない。現実以上に実在感のある現実性を開示してはくれない。

　もし仮りに、芸術が私たちを「他なるもの」に向かって開くとしても、それは人類の想像力につきまとう類のものにすぎない。もし仮りに、芸術が人間に何か本質的なものを教え諭してくれるのだとしても、それが人間の諸能力の主観的な限界の範囲を出ることはない。確かにこれでもかなりのことではある。しかし、この二世紀のあいだ、芸術作品には超越的な力があると過度に期待されていたことに照らせば、あまりにもわずかなことである。危機や空虚、争点喪失の感覚は、そこからやってきている。それで今日、創造は袋小路にはまり、方向を見失い、悲嘆に暮れている。理由は単純で、それは私たちが彼岸からの亡命を続けるなかで、ひとつの付随的な境界を踏み越えたからだ。人間はこれまで長いこと、解放という英雄的行動を望むと同時に、魔術化された世界に魅了され神託を受け取ることを望んできたが、今後はそのような両面作戦に出ることができない。現代を生きる私たちは、この点についてしっかり覚悟を決めておかなければならない。歴史の舞台においても、芸術の場面においても、人間の大きさは、神々についての旧い知識の尺度では測ることができないのである。

これらの事実について多少詳しく論じたのは、それによって、私たちが生きている現在の状況に逆説的なものがあることが見えてくるからだ。伝統的に理解されていたライシテの姿が、現在動揺しているという実感がある。しかし、この動揺の意味を十分に理解するには、それが宗教的な要因の顕著な衰退と相関的であることを示さなければならない。現在起こっていることを理解できるかどうかは、この逆説の解明にかかっている。外見に騙されることなく、裏を読む必要がある。

昔ながらのライシテは、信仰の水位が再び上昇しているために、限界に達しているわけではない。ライシテが基準点の再定義を迫られているのは、逆に信仰の水量が枯渇したからなのだ。まさにここにパラドクスの核心がある。これまでライシテは、諸宗教を押さえ込もうとしてきたが、今後はそうした諸宗教に選択の余地を与えていく形で、再定義の問題が提示されている。しかし、結論を急いで、社会的な可視性をそのまま信仰の活力に結び付けてはならない。むしろこの場合、両者は反比例の関係に置かれている。こう言うといかにも奇妙に響くだろうが、宗教問題が前面に出てきている原因は、実は宗教の後退という事実なのである。かつて宗教は、政治領域での権利を主張していたが、その要求の中核を構成していたものが消滅したことにより、民主主義は変質し、諸宗教に市民権を与え直すことが問題となっている。この点は、あとでまた論じる。

問い直されるライシテ

これまで提示してきた見取り図を補うのに、他の特徴も挙げておかねばなるまい。そのうちのいくつかは大変よく知られているものなので、喚起するだけで十分であろう――けれども、それらをみな念頭において複雑な同時性のなかでとらえ、できるだけ互いの連関と配置がわかるようにすることは欠かせない。

ライシテがかくも重要な問題となった理由は、よく知られている。それは、ヨーロッパで宗教的なものの衰退が続いているところへ、逆の方向を目指す社会的・歴史的な潮流が周辺からやってきて衝突したためである。こう言って、私がまず思い浮かべるのは、当然のことながら、イスラーム地域で活発な原理主義的・政治的な沸騰である（これはヒンドゥー教世界なども席巻している）。

ただし私は、黙示録的な「神の復讐」の一大絵巻が世界規模で繰り広げられているのだと言わんばかりに、カリスマ的キリスト教徒が一定数いるとか、ニュー・エイジの影響がさまざまなところで見られるとか、ムスリム同胞団〔訳註7〕の陰謀があるとか、さまざまな事象を一緒くたに論じる向きには反対である。〔訳註8〕たとえ、私たちがこうした現象の生きた見本に日頃から出会うなど、直接的に問題にかかわっているとしても、こうした現象は本質的に外側からやってきている。プロテスタントのヨーロッパであれ、カトリックのヨーロッパであれ、正教会のヨーロッパであれ、確かにその周辺地域では熱狂的な事象が散発的に指摘できるが、第三世界の主要都市を揺さぶっているペンテコステ派〔訳註9〕のような興奮状態や、米国のバイブル・ベルト〔訳註10〕の動力源たる福音主義的ファンダメンタリズムには、似ても似つかない。こうした覚醒運動についての立ち入った分析は、私たちの主題から遠ざかってしまうのでやめておく。

ただ、事のついでに言っておきたいのは、こうした「宗教的なものの回帰」は、どう贔屓目に見ても、言葉の厳密な意味での「宗教への回帰」には対応していないということだ――それらは、人間の制度を宗教によって構造化することを企てているというより、むしろ信念を、社会の面と個人の面で、近代的な生活の諸条件に適合させた結果として生じている。だとすれば、信仰の活性化が果たしている本当の役割は、個人の対極にある伝統から、個人的なものを作り出すことなのかもしれない。慣習と共同体の帝国に代わり、個人的な信念の秩序ができつつある。このような動きのなかで、一義的で単線的なものは何もない。先に歴史や芸術の例で見たのは、宗教の世界に反対した者が、宗教的なものを再創造するのに貢献していることだった。現在進行しているのは、もしかすると宗教が、宗教的な世界の対極にある世界を招き寄せている事態なのかもしれない。

宗教的なものの復興が、実際にはいかなる地位を占めているかは措くとしても、その動きがいっそう強く感じられるのは、これまでライシテに拠っていた人びとが、これによって不意打ちを受け、(敵の方はアイデンティティを有しているのに) たんに見かけの存在を整え直すことしかできず、アイデンティティを見失っているためだ。

先ほど、私は教会の衰退について述べたが、実はその正面で、強硬的なライシテの知的・精神的源泉が同じように枯渇に瀕している。その弱体化の度合いを測るには、ライシテの側にいる者が、昔からよりどころとしてきたものを列挙すれば十分だ。「科学」そして科学を通しての「理性」と「進歩」、また「国民」と「共和国」つまり祖国愛と公民精神、そして「道徳」。これらの大文字の観念が持っていた価値は、長期にわたって実にさまざまな形で貶められてきたが、その諸要因について詳述する必要があるだろうか。

第一に、人間は自分で獲得した知識と結果から自分自身を作りあげてゆくことができる、という考えが変わってしまった。今日の諸科学における手続き上の合理性は、無限に開かれたものではあるが、「実証的時代」という約束の土地へ入ることを認めるものではまったくない。第二に、民主主義の実践の枠組みと条件が変わってしまった。市民に権利があるのは、社会上の責任を負っているからのはずなのだが、市民権はもはや公民的義務とはあまり関係がなくなっている。第三に、教育に寄せる社会の期待が変わってしまった。現在求められているのは、個性を自由に開花させる学校、個人的成功を遂げるための学校であって、もはや道徳を通じて社会的紐帯の基盤形成を目指してきた、従来の「共和国の学校」ではありえない。

こう言っても過言ではあるまい。これまで特にフランスでは、教会の利権拡張に対抗するものとして、ライシテという代替物には、さまざまな源泉や参照物の総体から実質的な意味が与えられていたが、現在では、信じることそのものが衰退しているために、それらがみな打撃を受けている。したがって、教会の存在感が薄くなるにしたがって、ライシテも少しずつ原理なき事実と化していったのである。

しかし、そもそもライシテが問い直しを迫られている原因は、別のところにある。それは、何よりも民主主義の世界自体が変容していることから生じている。政治的空間が著しく変化し、公私関係の再編が起こっているためである。この動きの背後では、おそらく他律と自律の関係という力学がはたらいているが、目に見える現象としては、宗教の動向ともライシテの動向ともつかない。それでいて、この動きは、宗教的な信念を表現する条件も、ライシテを理解する条件も、同じように限なく修正する。古典的なフランス・モデルが不安定になった原因は、この位置変更にある。

この点、先に定義した意味での世俗化の諸国は、比較的変化を受け入れやすい。現在の変動の中心部には、私的領域に位置する信仰を公的領域において承認せよとの要求があるが、この要求が世俗化の国々を動揺させることは性質上ずっと少ない。これに反して、フランス文化にとっては、私的信仰の公的承認という要求は、大きな断絶を示している。この点を浮き彫りにするためには、困難に直面している現代フランスという場と時を、歴史的に位置づけなおす必要がある。それは、長い長い歴史のとりあえずの到達点なのだ。

第二章　ライシテの歴史

　実際、フランスのライシテは非常に古くまでさかのぼる。ライシテの歩み、課題、形態をきちんと理解するには、それらを長い長い歴史のなかに置き直す必要がある。あえて本質を一言で述べておくなら、わが国におけるライシテの歴史は、国家――「宗教からの脱出」を推し進めた主要な担い手のひとつとしての国家――の歴史と、緊密に結び付いている。もちろん、国家がそのような役割を果たしたのは一般的なことで、いたるところで見られはする。だがフランスでは、他では見られないほどの度合いで、国家が宗教からの脱出を推進した。

　思い切り単純化するなら、ライシテの歩みは大きく二つの段階に分けられる。第一段階は、宗教戦争に終止符が打たれ、協定〔ナントの勅令〕が結ばれた一五九八年から、フランス革命までの時期である。もっと正確に言えば聖職者民事基本法までで、この法律は第一段階の一種の解体を表わしている。この段階を「絶対主義的段階」と呼ぶことにしよう。

第二段階は、ナポレオンのコンコルダ〔訳註1〕を起点とし、ごく近年にまで及ぶ。一九七五年と言っておこう。それは、「経済危機」と世界規模での一般的な社会変動とが符合する年であり、以来二十年ほど、私たちはこの変化を経験している。第二段階を決定づけているのは一九〇五年の政教分離法であり、この段階は「自由主義的・共和主義的段階」と呼ぶことができるだろう。

問題となるのは、近年の世界的な変動を受けて経済や社会構造の適応が懸命になされているが、それに合わせて私たちがはたして第三段階に突入しているかどうかである。そう思われる理由はいくつかある。追って仮説を論証していきたい。

絶対主義と宗教の従属

いささか無謀な試みではあるが、宗教改革とそれに続いて起こったことについて、ここで私の解釈を簡潔に提示したい。換言するなら、宗教改革に端を発する近代性の宗教的根源と宗教的転回とについて、簡単にまとめてみたい。端的に言うと、これまでは十六世紀前半の「宗教革命」――ルター派とカルヴァン派がもたらした断絶――の意味が過大に評価されるあまり、宗教改革が別の領域で展開した十七世紀前半の「政治革命」の意味に力点が置かれることが、相対的に少なかった。この政治革命は、ひとつの「科学革命」であるガリレオの物理革命と、同時期に起こっている。「国家」がまさにその概念もろとも誕生した政治革命で、フランスがその発祥の中心となったのは、宗教戦争によって取り返しのつかないほど深い傷跡を負ったためである(1)。

これまでは、神とのかかわりにおいて信仰者が個人として自律化したことが、近代的個人主義のルーツとみなされて、大きく取り上げられてきた。ところが、それに劣らず重要なのは、集合体を秩序づける原理が宗教的に自律化して、国家に具現されたことなのだ——国家の国家たるゆえんを有した国家、主権国家、「神授権」を賦与された国王の国家が、ここに誕生する。フランスでは、平和をもたらす国家理性《レゾン・デタ》の国家が定着する。国家理性とは、好戦的で理性に欠ける信仰が生んだ宗教的対立への政治的回答である。

〔フランスの〕宗教改革は、プロテスタントが優位を占めるほど強力ではないが、王国内の人びとの意識を分断する程度には強力であった。プロテスタントの勝利は不可能であったが、カトリックはカトリックでもうひとつの厄介な問題を示していた。カトリックは、国内の支配的宗派であったが、「外国党」「スペイン党」を構成し、外国権力とつながっていて、国の独立を相当に脅かしていたのである〔訳註2〕。

国家は、この圧迫から逃れつつ、平和を推進するよりほかなかった。そこで、自分自身を宗派のしがらみから解き放ち、神との直接的な関係に入ることで、国家に固有の宗教的正当性を引き出した。そして、この正当性の名のもとに自分自身を諸教会の上に置いた——まさにこれが、十六世紀最後の十五年間、王室法学者たちが鍛え直した「神授権」の意味にほかならない。これによって、「神授権」を与えられた王が、すなわち「国家の王」と見なされるようになる。かくして国家は、この世の利害を裁き、「人の国」の救済を現世で保証するものとされた。また、聖なるものが公的秩序にとって危険性をはらんでいる場合には、それを統御することが国家に求められた。

以上のようなフランスの国家建設の原初的な光景が決定的な土台となるのは、一六三〇年代にこの状況が別の局面で反復されたことによる。リシュリュー〔訳註3〕は、フランスをプロテスタント列国側につけて三十年戦争に参戦し、ハプスブルク家とカトリックの利害に対抗するが、これによって国家理性の国家は、その政教関係の公式をあますところなく体現する。

このような状況は、歴史上たまたまフランスがその本家本元となったが、実は十七世紀前半のヨーロッパのあちこちで、同じような状況が見られた。カルヴァン派の旧オランダ北部七州では、アルミニウス派とゴマルス派が争っている。〔訳註4〕カトリックの非常に強いイタリアでは、教皇庁とヴェネチア共和国がもめごとを起こしている。〔訳註5〕イギリスでは、絶対主義化を目指すステュアート朝とそれに対抗するピューリタンという構図が見られ、これがやがて一六四〇年に勃発する革命〔訳註6〕の直接的な引き金となる。さらに、三十年戦争というヨーロッパ規模の宗教戦争で荒廃したドイツにも、同じような状況が見出せる。平和をもたらす権力としての国家に、根本的に宗教的な存在意義を獲得させたこのような状況が、近代的な政治思想の背景をなしている。

グロティウスからホッブズを経てスピノザに至るまでの政治思想の土台には、宗教問題に関する「絶対主義的」な理解がある。ここで「絶対主義」というのは、聖なるものを従えることのできる集合的権威を構築し、それを卓越した位置に置く要請のことである（集合的権威をいかに理解するかは事後的である）。この範囲において――あくまでこの範囲において――集合的権威は、その平和主義的な使命を果たしうるようになる。

政治的なものの自律化は近代に特徴的だが、以上見てきたように、これは宗教的なものを（宗教的に）従属させることを目指して遂行される。ここで重要なのは、この従属化が良心の尊重へとつながっていったことである。つまり、宗教が従属化するという前提があってはじめて、「寛容」が高位の原理へと昇りえた（これは十七世紀末、ベール〔訳註7〕とロックにおいて形を取る）。

啓蒙主義最盛期の一七七〇年、レナール神父〔訳註8〕は、宗教にまつわる事柄をつかさどる際の「真の原理」について述べているが、それに耳を傾けてみよう。これは、啓蒙主義の伝播に一役買うことになる「啓蒙ウルガタ版〔訳註9〕」と言うべき書物からの引用である。原理は以下の三点にまとめられる。「国家が宗教のために作られているわけでは毛頭なく、宗教が国家のために作られている」。「一般的利益が、国家のなかで存続すべきもののすべての規準となる」。「人民すなわち主権の担い手たる権威のみが、いかなる制度であろうと、それが一般的利益に適っているかどうかを判断する権利を持つ」。必然的な帰結として、以下のことが導き出される。

この権威に、そしてこの権威のみに照らして、ある宗教の教義と規律を検討すべきである。

教義を検討するのは、それが常識に反することを説いて秩序の安寧を危険な動揺にさらすものでないかどうかを確認するためである。実際、神の栄光を称えるのに熱心なあまり、また啓示に拠るものとされる真理に従うことから、来たるべき幸福についての考え方は、危険なものとなる場合がある。規律を検討するのは、それが支配的な風俗慣習に背くものではないか、愛国的な精神を抑制するものではないか、勇気を弱体化させるものではないか、仕事、結婚、そして公務を忌避するものでないか、人びとや世間を害するものでないか、狂信や不寛容を助長するものでないかどうかを見ておくためである。同じ家系の近い間柄に、同じ都市の家庭と家庭のあいだに、同じ王国の都市と都市のあいだに、地上の王国と王国のあいだに、分割の種をまくものでないか、君主や官吏に払うべき敬意を減ずるものでないか、悲観的で禁欲的な清貧の格言を説いたり、愚行へと誘う助言を説いたりするものでないかを確認するためである。(2)

さらに引用を続けることもできるが——この議論はさらに数ページ続く——、私が示したいことは、以上の平明な前文に十分述べられている。宗教を従える絶対主義の要請が、人間の集合体に主権を与える民主主義の要求によって打ち消されるどころか、いかに拡大され先鋭化されているかが見事に示されている。要するに「国家はすべてに渡って覇権をふるう」ということだが、ここでの意味は、宗教を宗教の領分に封じこめる覇権、レナールが言うように、「理性的な社会の秩序と公共の福利」が、宗教のためにあれこれと混乱することがないようにする覇権のことである。これは、人びとの良心を型に嵌め込むような覇権ではない。レナールは反対のことを明言していて、自分は「外的宗教についてしか語っていない。内面については、人間は神に向き合うよりほかにない」と述べている。宗教の社会的権威を制限することが、良心の自律化の条件であると理解されている。

まさにこの種のプログラムこそ、憲法制定国民議会が一七九〇年、聖職者民事基本法を発して実現しようとしたものにほかならない。このプログラムの立案者たちは、自分たちの計画はレナールが説き勧めていた計画よりも、かなり後退していると思っていたし、またそうであることを望んでいた。そのため彼らは、自分たちはずっと穏健なリアリストなのだと確信しているほどである。信仰と教義の検討は、全面的に控えられている。この点について、カミュ〔訳註10〕は議会の演壇上でこう明言している。「私たちは国民との協約のもとにあるのですから、きっと宗教を変える力がありますが、そのようなことはしません。……私たちはカトリックを保持しようと思っていますし、司教や司祭を必要としています」。その代わりカミュは、十六世紀末以降の絶対主義を支えてきた著述家たちの鉄則、すなわち「教会が国家のなかにあるのであって、国家が教会のなかにあるのではない」という原理に沿いながら、実に意義深い変化をそこに加えていて、教区の画定や聖職者の任命方法など、「教会の規律と管理」にかかわることはみな、議会を通じた「国民」によって決定が下されると述べている(3)。

このような観点に立つと、聖職者民事基本法は、絶対主義的段階の完成品でありながら、絶対主義との断絶の時期に、断絶を経てからもたらされていることがわかる。憲法制定議会は、王政の道具装置と手を切りながら、実際のところは、以前からの構想を実現し、もはや守りきれなくなった約束をはたしているわけだ。かつてトクヴィルは、アンシャン・レジームと大革命の関係をとらえて「非連続のなかの連続」と述べたが、革命期に発せられた法令のうちでこの表現がもっともよく当てはまるのが、聖職者民事基本法である。ここにおいて、革命の企てとは何であったかがもっとも明確に現われている。それは、王国という蛹から国家という蝶を羽化させる企てであった。

この間の経緯をもう少し詳しく述べておく。多くのことが起こっているが、最初の場面は絶対主義的な国家の樹立である。先ほど示そうとしたように、国家理性の名における国家の覇権は、宗教的なものでもあった。そこへ、とりわけ二つの重要な発展が起こり、もともとの仕組みが変化した。

第一に、「神授権」という大きな野望を支えていた、固有の意味で宗教的な正当性の原理に、密かな危機が訪れた。これは信憑性の危機であり、前章で論じたように、現代人が歴史や芸術に対して感じているのと同じタイプの危機である。

この危機が訪れたのは、一六八二年の「四カ条の宣言」と一六八五年の「ナントの勅令廃止」とが出され、絶対主義的な構想が達成された直後のことである。〔訳註11〕これら二つの目だった措置は、過去の失敗と分断を帳消しにするために考案されている。「四カ条の宣言」は、カトリックが国家に従うべきことを定めて教皇の権威を低下させ、「ナントの勅令廃止」は、宗教改革に際して応じなければならなかった妥協を取り消している。こうしてフランス教会が、神授権の原理と結びついた――これは一六一四年に開かれた三部会で、聖職者が頑として受けつけなかったことだ――ことにより、信心の失地回復運動〔訳註12〕のページが決定的にめくられたようだ(4)。教会のヒエラルキーをガリカニスム化する〔ローマから相対的に独立したフランス的な教会とする〕ことにより、精神的権力が王政秩序のなかに取り込まれる。

〔イギリスでは〕荒廃した国は権威主義的なプロテスタント国家にまとめ上げられたが、そうすることによって宗教戦争を終わらせようとした。この国では、宗教に関する国民の合意を作り直すというより、それを新たに作り上げ、教皇にして王という真の庇護者のもとに置く途が取られた。しかしながら、このようにして高められた権威は、頂点に達した瞬間に、眩暈にとらえられてしまったようだ。実際、その直後、一六八八年の名誉革命の雷が轟いて、一六六〇年来イギリスに再建されていた絶対主義の復古王朝が戦わずして転覆し、神授権に基づく建造物の脆さが浮き彫りとなる。天の権威に訴えて正当化することが、突如として不確実なものとなったのだ。これが、ポール・アザール言うところの「ヨーロッパ人の意識の危機〔訳註13〕」の、最も大きな要因のひとつである。

イギリスに起こった亀裂が、どのような経路を通ってフランスの玉座にまで至ったのかはよくわからないが、崩壊の序曲はそこでも聞こえていたはずだ。現に、崩壊の兆候に応じるかのように、ルイ十四世の政治的態度は、一六九三年を境に大きな方向転換を遂げていく。もともと王の国家管理は、至高者〔たる君主〕と神との直接的な関係に基づいていたが、自律的な宗教性が弱体化するにつれて、ローマ教会への歩み寄りが見えはじめるのだ。その結果、あたかもローマ・カトリックが再び正当化の力を取り戻したかのような事態が生まれてくる。もはや国家君主の力だけでは神授権に生きた意味を与えることが難しくなった状況で、まさにローマ教会は権威と正統性の両面で、伝統的な性格と形式を保持していたからである。

第二に、この政治上の方向転換に絡んで、異端とされていたジャンセニストの活動が再び活発化し〔訳註14〕、新たな宗教分裂が起こる。それは、一七一三年に発せられた教皇勅書「ウニゲニトゥス」〔神の御独り子〕にジャンセニストが反対の態度を取ると、決定的となり、十八世紀全体を通して発展していくことになる。(5) ジャンセニストが行なった異議申し立ては、実はかなりユニークなもので、精神的権力と現世的権力の二つの権力が、それぞれの職権が及ぶ範囲内でそれぞれの義務を果たすよう、断固とした調子で呼びかけている——すなわち、イエズス会に象徴される教権主義の拡張に抗って、精神的権力が教義の純粋さに立ち返るべきこと、現世的権力が宗教的権威から独立すべきことを主張した（イエズス会は一七六四年にフランス王国から追放された）。

要するに、一方では、現世の至高者たる君主が、ジャンセニスムの挑戦にさらされながら、宗教にかかわる行政管理の面で、ガリカニスム的・絶対主義的な特権をあらためて正当化しようとする。他方、啓蒙主義の気運に促されて、至高性の原理が「国民」主権の原理に鋳直されてゆく。聖職者民事基本法は、まさにこの二つの流れが交わる地点に位置している。したがって、この法律には、長く複雑な歴史が詰まっている。この法律に行き着くことで、宗教はようやく自分にふさわしい位置を見出した。宗教は、国家の内部に、そして自分自身の諸権利を十全に有した「国民」の権威のもとに置かれることになった。

共和主義と教会の分離

実を言えば、聖職者民事基本法に到達したのは、いささか遅すぎたのだ。もうひとつの世界が、すでにはじまろうとしていた。現に、聖職者民事基本法は、公布されるやいなや、うまくいかないことが明らかになった。歴史の推進力が、産業のあと押しを受けて理性の秩序を押しのけるには、さほど時間はかからなかった。

区切りのいい年を取って、一八〇〇年頃と言っておこう。十年ほど続いた革命期が強力な力で閉じられ、もうひとつの世界のはじまりが決定づけられる。その変化が繰り広げられ具体的な形を取るには、今しばらく時間がかかるとしても、この移行によって、問題を構成する素材と問題を貫く論理とが根底から変わってしまう。こうしてライシテ原理は、その軌跡の第二段階へと入ってゆく。自由主義的・共和主義的段階の到来である。あるいは順序を入れ替えて、共和主義的・自由主義的段階と言ってもよい。語順はあまり問題ではない。大事なのは、この二つの言葉が結び付けられていることだ。

これまでの問題は、宗教的なものを政治的なものに従属させる枠組みにおいて処理されていたが、今後の主な課題は、分離――教会と国家の分離――である。分離の発想は、近代の法制度に特有の、大きな自由化の流れに位置している。その要点は、国家と市民社会を切り離す点にある。これまでの絶対主義型では（民主主義的な〔形式だけをまとった〕絶対主義もこれに含まれる）、宗教的なものを政治的なものに従属させる点に主眼が置かれていて、政体は一元的な概念のなかでとらえられていた。集合的な領域としては、政治の領域しかなく、ヒエラルキーに基づく組織化が行なわれる。

これに対して、十九世紀の本質的な新しさとは、集合的な領域が二つに分かれる点にある。政治固有の領域と市民の領域とが、公的生活の領域と私的な利害関心の領域とが、区別される。家族と私企業は、私的な領域に並べられる――そこへさらに、多大な困難をともなって、教会が押し込められようとする。忘れないでおきたいのは、自由化路線は、政治的な教説となるずっと前からひとつの既成事実となり、社会を構成する中心的なはたらきをしていたことだ。それは権利を守る現実的な力を持ち、個人の自由の領域を保護し、また所有権の拡大の具体化も視野に入れていた。このような前提があってはじめて、それではどこまでこの保護された領域を拡大していくべきかという、果てしない議論が可能となる。

「自由主義」と「社会主義」の議論も、まさにこの場ではじまる。そもそも、この議論が成り立つには、ある前提が受け入れられていなければならない――個人が法的・社会的に確立されているという前提である。自由主義も社会主義も（後者については民主主義的である場合に限るが）、既成事実としての自由に対する拡大解釈ないし補正解釈という点では同じなのだ。このように既成事実化された自由は十九世紀に大発展を遂げるが、その内実とは、個々人からなる社会が、国家に対して自律化することであった。

ところで、このように市民の領域を解放しつつ建設していく動きは、十九世紀フランスの文脈では、極めて特殊な様相を呈した。過去の影響があったからである。絶対王政からは、権威主義の遺産が受け継がれた。革命期の絶対主義の影響もあった。確かに革命期には、自由を確立するために、公的領域と私的領域が分離されたが、私的領域は、個人があくまで個人として権利を行使することに限られており、集合的な結合をなすものは、代表制の権威に限られていた。私的領域を諸個人の権利に限定する、革命期の絶対主義の精神を最もよく示しているのは、あのル・シャプリエ〔訳註15〕の有名な定式である。彼は「もはや個々人の個別的な利益と一般的利益しかない」と説き、労働者が（集団の名による請願を行なって）結社や組合を組織できないようにした。さらに、カトリックの伝統の影響があった。カトリック教会は、公共生活で卓越した指導力を行使する社会的権威というほかに、自分の役割を思い描くことはできなかった。

以上のような政治的・宗教的遺産が複雑に絡まり合い、重くのしかかった結果、革命から抜け出すに際して、一八〇一年のコンコルダという妥協の産物が生まれた。かつてこれを正確に評した者がいたように、(6)これはまさに妥協不可能なものの妥協である。教会に公認宗教としての地位と礼拝の執行にかんする自由を与え、信者をなだめておきながら、国家の優位を強く打ち出している。この事態を指して、「教会に対する国家の支配、国家における教会の優位」と評したのは、ジュール・シモンである。〔訳註16〕この言明に窺えるのは、極めて強力な歴史の遺産の重みのなかで、ほとんど不可能なバランスが取られ、このバランスを解体させるのがいかに難しかったかである。

私は議論を進めるに当たって、カトリックの一般的通史や、十九世紀のフランス・カトリックに固有の歴史を脇へ置いているが、それは私の分析にとって主要な点、すなわち市民社会と国家の関係を中心に論述しているためである。そもそも、分割できないアトムとしての諸個人だけで構成されている私的領域と、集合性の管理運営を独占的に握る公的領域とを両極に想定し、両者を対立的にとらえる構図では、必然的に教会のような制度の位置を考えることは極めて難しい。(7)政党や組合のような制度の位置を考えることも、同じように難しい。明らかに、これらの制度は、〔革命期にモデル化されたような意味での公私の〕分割を侵犯している。それらは、市民社会を諸個人から構成されているものとして原子論的にとらえる枠組みにも収まり切らないし、国家によって管理運営される一般的利益の領域にも入ってこない。

このジレンマは長いあいだ続くが、一八七五年憲法〔訳註17〕から第一次世界大戦に至るまでの共和国建設期に、封鎖解除の道が見つけられてゆく。つまり、市民社会の表現力と自己組織力に対して、形式と権利を与えることが最重要課題のひとつとなり、それが徐々に実現された。したがって、精神的権力たるカトリックとの直接対決という枠組みのなかだけで、すべてが演じられたわけではない。なるほど一八八一年と八二年に出された小学校に関する法律によって、「教会」と「学校」（「無償、義務、ライック」な小学校）の分離がなされたことは事実だが、それを敷衍的に論じていく視点では不十分である。問題は別の広がりを有している。賭けられていたのは、政体についての考え方全体なのだ。

　問題を解くには迂回路を辿る必要がある。課題は、個人の多様性の承認を超えて、市民社会の社会的な多元性を制度的に認知することである。この難問を解決するための足取りは、遅々としたものである。一八八四年の組合法、一九〇一年の結社法、そしてここでの議論に最も直接的に関わる一九〇五年の政教分離法、と並べてみよう。すると、広範な議論を巻き起こしたこれらの法律が、時代的には近代的な意味での諸政党が結成された時期に当たっていることがわかる（急進党が生まれたのは結社法の成立した一九〇一年、フランス社会党ＳＦＩＯの誕生は政教分離法と同じ一九〇五年である）。これらの法律は、それぞれ正確な対象と固有の課題をもっているが、実はすべて同じ流れのなかにある。それゆえ、法制度と社会がどのような論理で発展しているかという観点から眺めてみると、一九〇五年法はひとつの仕上げを表わしている[8]。

　神権政治を掲げた伝統主義と戦闘的な無神論との争いが喧しく熱を帯びたものであるだけに、しばしば見落とされがちだが、本当の問題は、営利団体や思想集団が自由な自律化を遂げることであって、教会と国家の分離は、この問題の最も厄介な事例として立ち現われている。教会のように重みのある制度が市民社会の側に位置づけられたことで、これ以降、政治的権威の対極に位置するものとして、個々人の自由な意識だけでなく、独立した集団や、固有の正当性を備えた強力な社会的権威をも思い描くという、ずっと困難なことも十分に可能となった。したがって、確かに舞台の前景を占めているのは、神なき共和国と教権主義的な反動とが正面切って対立している様子だが、その奥では、集合性の論理が大幅に変化している。

歴史の遺産が重くのしかかる一方、非常に緊迫した紛争の空気が漂うという特殊な状況で、言うなれば帝王切開が行なわれ、子どもが取り出された。そのため、新生児は非常に特殊な体つきをしており、古いものの刻印と状況の刻印とを受けている。とりわけ二つの特徴に注目しておきたい。ひとつはこの変化〔新しい集合性の論理の誕生〕が起こった政治体制をどう理解するか、もうひとつはその帰結としてのライシテをどう理解するかに関係する。

実権を握っていたのは共和派で、権威を行使して教会を公的領域から追放したが、これは共和派の大部分にとって、教会の影響力を弱めようとする関心に対応していた。これに対して、カトリックの大多数にとって、この公認取り消しは、彼らの信仰を導く威厳を侵害するものにほかならなかった。確かに、表面的にはこのような格好で紛争が展開されている。

だが、先ほどから私が浮き彫りにしようとしているように、この紛争の隠れた課題を読むには、別の仕方で理解しなければならない。共和派とカトリックの争いは、国家の権威の伝統という観点から眺めると、自由主義的な分離の精神にかかわっている。課題は、市民社会が有する自律的な組織能力の承認であり、宗教問題もこの構図に収めることだった――この意味では、共和派がいちばん恐れていたのは、「自由な国家における自由な教会」を認めた結果として、「武装解除した国家における武装した教会」が生じてしまうことであり、この障害を乗り越えなければならなかった。

しかし、二つのレベルの関連について言っておくべきことは、この大いなる妥協はやはり公的領域の卓越性が非常に目立つ枠組みにおいてなされたということだ。この公的領域の卓越性が、私たちの政治の伝統において、共和国という名を持つ、非常に特殊な民主主義のあり方を特徴づけている。それを支える二つの概念的な柱は、法を定める国民側の「一般意志」と、行政権力側の「一般的利益」である。両概念とも、ある非連続を前提とし、それに価値を与えている。すなわち、個別的な集団や私的な関心が正当に表現される場と、代表組織や国家が裁き手となる公的一般性の領域は引き裂かれているが、それをよしとする。二つの次元は、非常に異なるものとして思い描かれている。政治は、もはや市民と市民の関係を全体的には支配しないが、別のところで、市民社会の上部で機能している。したがって、市民の領域は確かに解放されてはいるが、最終的には政治に対してヒエラルキー的に従属するという、限界のなかに押さえ込まれている。換言するなら、共和国とは、自由主義と代表制の民主主義が、国家の権威の内側で、国家の権威を手段として展開したものである。実際、国家の権威は、その原理が（一般意志の名において）民主化されても、またその運営が（特殊な信念の権利の名において）自由化されても、弱体化しない。それどころか、かえって正当化され安定する。国家の権威の恩寵により、政治をめぐる議論と行動は、いわば集合的超越性の錬金術を行なう場となるわけだ。

自律の政治の輝き

ここには、新しいものによって古くからのものが再建される奇跡がある。民主主義への参加者の増大であれ、社会的次元の多様性の表明であれ、民主主義的な自由の進展によって、かえって私たちの歴史の奥深くに由来する伝統的な国家の権威が息を吹き返している。この遡及的な結合こそが、私たちが共和国と呼ぶものの核心を成している。

すでにフランス革命の時期に、極めて極端な形で、「国民」という新しい正当性の名のもとに、権力が古い絶対性を取り戻し得ることが示されていた。一八七五年以降、共和国体制は平和裡に建設されてゆくが、そこでも雛型は、与えられた状況からかなり独立して、内側からの牽引力を発揮していくことになる。普通選挙の不確実性と議会体制の流動性は、国家への集合的権力の集中を妨げそうなものだが、かえってそのような権力が崇められる。もっともそれだけのことなら、個人の絶対的な力と万人の絶対的な主権とを結び付けた、あのおなじみのルソー的な原理を純粋に論理で押していけば、結局のところはその範囲で理解できる話ではある。驚くべきは、共和国を自由化する動き、つまり自由な結社を梃子に共和国内に市民の領域を創り出し自律化させる動きが、結果的に同じルソー的なモデルに行き着きえたということだ。いかに意外であっても、起こったのはこのようなことだった。

社会は、政治の領域の外部に、共和国の動向とは無関係のものとして認められるが、これによって国家のあり方が動揺したり、国家の権限に制限を設ける計画が具体化されたりするどころか、公権力はあらためて卓絶したものとして樹立されるのが普通だったのだ。組合、あるいはより一般的に営利団体や職業団体はどうだったのだと訝《いぶか》る向きがあるかもしれない。しかし、特殊な関心の正当性を打ち出すには、その対極にある一般的利益にきちんと支えられている必要があるのではないだろうか。それでは政党はどうか。しかし、政党こそ、偏りなき支配者なるものを当てにし、連綿と続く集合性に保障を求めるものではないだろうか。

共和主義的な国家主義がこのように再び打ち立てられるとき、ライシテの問題が中心的な役割を果たした。母胎的な役割と言ってもよい。なにしろ、取り組むべき課題は極めて困難で、問題の圧迫は三十年にわたっていた。教会との分離の緊迫感がいわば梃子となって、国家は高い位置に持ち上げられた。実際、教会と国家の分離は、精神的な射程を有する卓越性の原理を、現世的権力に適用する道が探られてはじめて可能となった。慎重な言い回しを選んでいるが、わざとそうしている。「共和主義的聖性」とか「市民宗教」といった、できあいの表現を避けようと思うからだ。こうした表現から予断を抱く代わりに、その内容を明らかにする必要がある。

こうした安易で不確実なアナロジーは、解きがたい結び目を隠してしまうが、困難はまさに、現世的権力が「精神的」な卓越性を確保するよう求められたときに、敵と同じ地平で、同じ武器で戦うわけにはいかなかったという点にある。つまり、現世的権力は、ひとつの「聖性」に対してもうひとつの「聖性」を、ひとつの「宗教」に対してもうひとつの「宗教」を設けるわけにはいかなかったのである。かといって、かつて包括的だった制度を、他のものと同等のひとつの社会勢力に還元しようと思えば、どうしても政治の権威に競争力を与え、政治上の諸目的を社会勢力の総体よりも上位に置かなければならない。これはまた、多数派の信念と正面衝突してはならない、宗教的中立性の限界を踏み越えてはならない、という難しさにも関係している。

ルヌーヴィエの洞察

今述べた問題を明確に見据え、それに深い洞察を加えたことにかけて、哲学者シャルル・ルヌーヴィエの右に出る者はいない。不当にも忘れられているこのカント主義者は、批判主義の精神を原理的に甦らせるとともに、同時代性のなかで共和国についての考察を行なった。企てが開始されたばかりの一八七〇年代の段階で、すでに彼は、何が求められているかを即座に判断することができた。予言するかのように、彼は一八七二年の時点でこう書いている。「教会と国家の分離は、道徳的で教育的な国家の組織を意味すると理解しておこう(9)」。こう言って彼は、間違った方向の自由主義、つまり国家の役割に無関心な自由主義のあり方を嘆いている。彼は、ライシテに依拠したものの考え方が力を持つことができずにいる原因を、ここに見ている。

ルヌーヴィエの見解がいっそう意義深いのは、実は彼は共和主義者のなかでは最もリベラルな位置にいるからである。実際、彼は反ジャコバン主義者で、地方分権化や「自発的な意志に基づく社会集団」の結成などを歓迎している。けれども、こと国家の役割にかんしては、「国家の卓越性は必要なのだ」と信じて譲らない。国家は「教会や共同体などと同様、人びとの精神的な領域を引き受けるが、より普遍的な資格においてそれを行なうのである」[10]。なるほど、国家は科学を掌握してはいないし、いかなる宗教も召し抱えてはいない。宗教にかんしては、無力でさえある。しかし、だからといって、国家は科学や宗教に対してまったく無関心だということにはならない。そんなことをしたら、国家は、宗教を名乗って人びとに訴えかける教説がいかなるものであろうと、差別なく容認する破目に陥ってしまうだろう。実際には、国家はいつでも差別をするものだし、そうとなったらその手段も持っている。

「確かに国家は、さまざまな教説を前にして、真理の観点から判断する権限は持っていない。科学的真理であろうと、宗教的真理であろうと、この点は変わらない。けれども国家は、そうした教説に対して道徳の観点から判断を下す。（……）道徳こそ、国家にとっての至上の規準なのだ」[11]。そうでなければ、何が起こってしまうだろうか。もし国家が、宗教にも道徳にもまったく関与しなければ、「手近にある道徳的・宗教的権威に再び身をゆだね、その結果、何よりもこの権威に従うということにならざるをえないだろう」。「国教」に舞い戻ってしまうのは時間の問題だ。このような罠を避けたいのなら、国家は「いかなる宗教からも独立した道徳を掌握する」だけでなく、「あらゆる事柄にわたり、あらゆる宗教に対し、道徳的な卓越性」を保有していなければならない[12]。

このように推論を進めるルヌーヴィエにとって、将来の展望としてどうしても避けなければならないのは、国家が「信仰の帝国」や「魂の行政管理」の道を歩んでしまうことである。教権主義的なものであろうと、実証主義の地平で焼き直したものであろうと、そのようなことがあってはならない。そこでルヌーヴィエは、決定的な一言を言い放つ。国家のなかに、共和国のなかに、「真の精神的権力[訳註18]」を認めることを恐れてはならない、と言うのだ。「これは、市民を導く道徳的権力で、市民の自由な意志に発し、集合的な道徳的関心の管理運営を目的としている[13]」。

この権力は、諸個人の自由の表現にほかならないのだから、おのずとその限界を持つ。「この権力は、諸個人の自由を尊重する。諸個人の自由は、実質的な保護を受け、公的な規則によって強制されるものの範囲外で尊重される。この権力はとりわけ、宗教的信仰と宗派に応じた礼拝とが、権力の管轄外で自由に発展することを認めるが、それは、良心の権利要求が正当である場合に限られる。したがって、もしその要求が、共通の権利と両立不可能な行為や干渉となる程度にまで、みだりに拡張されたり、宗教制度が市民の権威に対抗する権威をみずからに与えて市民の権威と勢力を争い、これを破壊しようとする場合には、認められない[14]」。

したがって、市民の権威が市民の領域においてきちんと確立され、脅かされることのないうちは、実質性を備えた諸価値に対する完全な寛容が保障される。市民の権威は、実質性を備えた諸価値の名において集合性を統括するのだから、それらは社会契約の価値を表わしている。共和国は「合理的、道徳的、政治的な諸原理」を守り広める権利と義務を有し、これらの原理の上に構築される。「これらの原理は、近代国家の構想における、自由の原理そのものである。すなわち、全市民が互いに自由を認め合い、相互に制限しつつ保障する[15]」。

別の言い方をすると、国家には教育を行なう規範的な使命がある。ルヌーヴィエは述べている。「国家が、その成員となるべき者たちに対して教育権を持つのは正当である。国家はまた、道徳原理に基づく一般的な調整能力も持つべきだ[16]」。では、それはいかなる道徳か。ジュール・フェリーが述べたような、父祖伝来の常識的道徳でこと足りるような道徳だろうか。いや、ルヌーヴィエの道徳はもっと高いところを狙っている。

ある国民の支配的宗教が教権的で絶対主義的である場合、道徳が実質的な優位を獲得し宗教に対抗可能となるためには、実証主義が確かな養分を吸収して高い信用を得ていなければならず、それと同時に、人びとの精神が迷信的な信念から、そしてとりわけ正義にもとる教理から、遠ざけられていなければならない。この条件を満たすことを考えると、やはり教えられる道徳は教条的でなければならない。したがって、折衷主義が執着しているような、型にはまった脆弱で曖昧な道徳と異なっているだけでは、まだ不十分なのだ。せいぜい利潤の追求を目指すにすぎない功利主義の道徳、あるいは社交の楽しみにすぎない感傷派の道徳、こうした学派の道徳と性質を異にしているだけでは、まだ不十分なのだ。教えられるべき道徳は、結果としてその先に合理的な神学を生じさせるような倫理でなければならない。カントは、「倫理は、神を信じることに先立つが、事実上、義務を神の命令として受けとめる宗教に至らしめる」と述べているが、このような倫理でなければならないのだ。(17)

少々長く引用したが、それはこの文章のユートピアめいた調子を伝えたかったからだ。そしてまた、ほとんど無理と思われる解決策を提示しているこの文章が、対比的にある事実をあぶり出しているからだ。というのは、当時の識者たちは、ここに提示されている一見解決不可能な問題を解決すべく、さまざまな手段を講じていたのだが、そうこうしているうちに問題は解けてしまったのである。この問題は、国家が優越的な地位に押し出されたことによって解決したので、答えの内容は、ルヌーヴィエがつとにその必要性を感じ取っていたとおりだが、解決手段は、彼がこうでしかありえないと思っていたとおりではなかった。この点において、ルヌーヴィエの分析に見られるユートピア的な地平が、省察への貴重な足がかりとなる。

ルヌーヴィエがひとえに望みを託していた「合理的な神学」に頼ることができなかったのだとしたら、いったい何が「精神的」権力の問題を解決する手段となったのか。どうすれば、多数派の信仰より、こちらの方が重要だと主張しておきながら、取り返しのつかないほど相手を傷つけずにすんだのか。繰り返しになるが、方程式は次のように立てられていた。すなわち、危害を加えることなく宗教を包摂するという課題を、宗教に対して優越的な地平で遂行し、なおかつ最終的には宗教の側もそれを受け入れることができるようにすること(18)。

単純な話、誰も歴史の渦中においては、それを明快に分析することはできない。歴史の素顔は混乱なのだ。歴史にはさまざまな要因が、これといった理由もなく混ざっており、そこから枝葉末節を取り除いてゆくことが哲学者の仕事ともなる。一九〇五年の決定に至るまでの時代についても、同じようなことが言える。つまり、私たちは、どう見てもその役割が自明であるようなひとつの要素の前にいたわけではなく、むしろさまざまな要因が互いに支えあってひとつの共同作用をはたしている局面に置かれていたのであり、そうした諸要因を分解してそれぞれの重みを測るのは容易ではなかった。

したがって、ルヌーヴィエについて言うならば、彼の診断と計画がまるで妥当性を欠いていたわけでもなかったのである。確かに彼の言う「道徳的な国家」が、彼の望むとおりの厳密さと一貫性をもって支配的となったわけではなかったが、それでもやはり、ドレフュス事件〔訳註19〕に際して、国家はその役割を演じた。この精神上の内戦で明らかになったのは、共和国の共和国たるゆえんは真理と正義にあり、そうでなければ共和国の存在意義はない、ということであった。

そして、「学校」が、個々の宗派への入信とは別の高い次元で、共和国の理念を人びとに受け入れさせるのに重要な役割をはたしていることが認められていった。もともと学校自体が説得の能力を備えていたこともあるが、さらに学校は、国家を崇拝すること、将来に希望を持つこと、これら二つの価値の象徴であり、それが実地に適用される特権的な場所であった。これら二つの価値は、ちょうどこの時期になって人びとの精神のなかに大々的に浸透していき、自律的な地上の権威の信用を高める上で極めて重要な役割を果たすことになる。学校は、公共精神を学ぶ場として鍵となる制度であり、ここで市民が祖国に対して神聖な負債を負っていることの意味が教えられ、集合的なものが第一義的に重要だということが叩き込まれた。学校は将来に備える場として自明のものとなり、そして、この時間的に区切られた社会組織のなかで青少年たちが独特の特徴を獲得することが明らかになると、学校はさらに未来を生み出す実験室としての地位にまで高められた。これはちょうど、将来の約束事に対する信仰が新たな進展を見せる時期に重なっている（「世俗宗教」が長い準備期間を経て、決定的な形態を見出すのは一九〇〇年頃であり、そのいちばん確かな指標はレーニンによるマルクス主義解釈である）。

しかしながら、政治の権威を高めるに当たって決定的だったのは、やはり政治についての考え方そのものに帰着すると思われる。自律の思考を断固とした態度で展開したルヌーヴィエほどの思想家が、この要因を見落としたのはなんとも奇妙としか言いようがないが、おそらくこの思想家は、思考対象であるべきはずの自律性にどっぷりと浸っていたために、それをうまく対象化できなかったのだろう。いずれにせよ、共和国がその最も堅固な基盤を得ることができたのは、国家がさまざまな信仰を包摂しつつ私事化するときに、民主主義の力のある面が再活性化されたからである。

一九〇〇年前後になされた再建は、「形而上学的」な場面においても演じられた。政治的自由の形而上学的意味、人間が自分たちの運命を集団で決める力を持つということの形而上学的意味が問われていた。戦闘場面はあちこちに散らばっているように見えるが、決定的な戦闘はまさにここで行なわれた。共和国はこの戦いで、一番必要としていたものを勝ち取った。知的・道徳的・精神的な正当性がそれだ。しかもこの正当性は、長期の安定に耐えるもので、信者の指導者たちからは呪詛を投げかけられたが、大多数の信者とは和解することができた。

近代世界を拒絶するカトリック強硬派との対立的な状況のなかで、〔共和国は〕自然とその源泉にまで立ち返り、活発化した。誤謬表（一八六四年）や教皇の無謬性（一八七〇年）を発して〔訳註20〕、教理の精神と絶対的権力の理念を保持するよう努めた教会は、ひとつの旧弊な力というにとどまらない。教会は、精神面での支配を果たすべく、「権利と義務についての知識の独占」を志向し、まさしく他律の方針を体現する。そして、この教会の方向性こそが、翻って民主主義の方針に十全たる意味を与えている。民主主義とは、自律の計画以外の何物でもないのである。民主主義の政治の目的や、その組織化の方向性は、人間の共同体が自分自身の存在理由と目的を掌握できるようにすることにある。民主主義の政治がなすべきことは、人間が自分の選択を自分のものにする形式を、集合体のレベルで確立することである。

ルソーの定式化の持続力

取り組むべき課題についても、なされるべき応答についても、特に一八七五年の段階で本質的に新しいことはない。フランスで民主主義についての考えが最初の躍進を見せたのは、十八世紀中葉だが、それも似たような形と同じような論理で起こっている。一七五〇年代、宗教論争が再燃し、教会を従属させるべきことが再び声高に叫ばれた。実はこれも基本的には古くからの主張であり、議会派側の要求を受けて議論が再び盛り上がったにすぎない。つまり、カトリックのヒエラルキーには、「異端審問」を取り仕切るなど非常に厄介な問題があるので、国家がそれに応じて毅然とした態度で介入し、然るべき位置に落ち着ける必要があるという、古くからの議論の再燃である。

しかしながら、本質的な新しさもあった。国家が至高の権威に頼りながら主権を行使することは、すでに伝統となっていたが、今回それに自由——個々人の良心の自由、さらに「国民」の自由——という、まったく前代未聞の要求が結び付けられた。もはや課題は、古典的で絶対主義的な構図のなかで、聖職者集団の侵害に対抗しつつ、全知全能の神をただひとり正当に媒介する者として王の権威を打ち立て、それによって王の帝国を築くことではない。たしかに、司祭を正当な公権力に従わせる課題はそのままだが、その目的は、一方では、信仰の権利を個人に保障するためであり、他方では、共同体が宗教問題について至上の権利を持つようにするためである。このことの意味は大きい——人間には自分で宗教を選択する能力があるということは、最終的には、

郵　便　は　が　き

料金受取人払郵便

日本橋支店
承認

3980

差出有効期間
平成23年１月
31日まで
（上記期限までは
切手は不要です）

103-8790

０４１

東京都中央区日本橋浜町
2－10－1－2F

株式会社トランスビュー行

書名

本書についてのご感想、ご意見をお聞かせ下さい。

お買い上げの書店名

市 群 区	町		書店

お名前　　　　　　　　　　　　　　　　　　　　年齢　　歳　　男・女

ご住所（〒　　　　　　　　）　　TEL.

E-mail：

小社の新刊等の情報を希望（する・しない）

ご購読の新聞・雑誌名

本書を何でお知りになりましたか

1. 書店で見て　2. 人にすすめられて　3. 広告（雑誌名　　　　）
4. 書評（紙誌名　　　　　　）　5. その他（　　　　）

注文書

月　日

書　名	冊　数
	冊
	冊
	冊
	冊
	冊

下記のいずれかに○をお付け下さい。

イ．下記書店へ送本して下さい。
（直接書店にお渡し下さい）
＊書店様へ＝低正味・スピード納品で直送します。貴店名／ご担当／ご住所／TEL をご記入下さい。

ロ．直接送本して下さい。
代金（書籍代＋送料・冊数に関係なく200円）は現品に同封の振替用紙でお支払い下さい。
＊お急ぎのご注文は下記までお申しつけ下さい。
電話 03・3664・7334
FAX 03・3664・7335
e-mail:order@transview.co.jp

www.transview.co.jp（小社書籍の詳細をご覧頂けます）

人間には神からの重圧の外部で、自分に固有の法を作る能力があるということにつながるからだ。この方程式が成立すると、さらに二つの重大な結果が生じる。個人の自由の問題と集合体の権威の問題が緊密に結び付くということと、主権の問題には形而上学的なものがつきまとうということだ[19]。

ルソーの才覚とは、このような問題について哲学史的に蓄積されてきた議論を渉猟し、情勢に見合った言葉を与えることができた点にあったと言える。ここでの問題関心から言うなら、ルソーは一七六二年の著作『社会契約論』で、フランス型の民主主義の理念に、いきなり完成された表現を与えてしまったのだ。だから、この誕生をもし女神の誕生にたとえるなら、女神は完全武装して生まれてきた。最も完全で厳格な概念を天から賦与されて、女神はこの世にやってきた。念のために正確を期しておくが、ここで問題にしているのは、ルソーが神々のためにとっておいたと言われる民主主義体制についてではなく、彼が共和国と呼ぶ正当な政府のことである。ルソーは、正当な政府のことを、一般意志に基づく統治と定義しているので、その行政機構が君主政か貴族政か民主政であるかは問わない。いずれにせよ、一般意志はすべての意志を集約したものである――これは、私たちに課されたものを、これ以降は民主主義の名において認識するようにという要求である。

ルソーは驚くべきことを行なっている。それは、絶対的な至高性たる主権を民主主義的に所有しようとする企てだ。このとき、国家の内部に全能の力が必要となる。それが法の力である。もっとも、全能とはいっても、互いに平等な市民の意志を全体的に組み込んだものでしかありえない代物だが、とにかくこのような力が法に与えられる。

権力と自由は、イギリス・モデルでは互いに排斥し合うが、〔ルソーが定式化したフランス・モデルでは〕矛盾するどころか互いに補い合っている。個々人の自主独立が開花しうるのは、市民が一丸となって構成する主権の内側においてでしかない。自由のモデルは、ここでは「司祭の宗教」や、それが体現している隷属性に対置されるものとして規定される。必要なのは、非寛容に対して寛容を課すことのできる権威だけではなく、人間集団が自分自身を構築する力を具体化できる至高の主権が、さらに必要となる。至高の自由を行使する権限は政治共同体に独占されているのだから、個々人の自由の真の意味は、政治への参加を通じてしか見出されない。

『社会契約論』が放った閃光は、出版直後にはほとんど反響を呼ばなかった。だから、もしフランス革命という断絶がなかったら、ルソーがせっかく成し遂げた成果も、立ち消えになっていたかもしれない。大革命というひとつの断絶があったからこそ、ルソーが着想を与えた思想上の諸条件が、現実的な熱狂にまで至ったのである。革命が自らの思想の系譜を辿り直すなかで、宗教を政治に従属させることから、自律を形而上学的に確立することへと進んでいく。

この観点から見ると、やはり教会との対決が事件のハイライトのひとつをなしている。聖職者民事基本法のそもそもの狙いは、古典主義的な絶対主義の枠組みにおいて、教会を革命権力に従属させることだったが、教会はそれを拒絶した。このような教会との対決こそ、革命精神が先鋭化した最も有力な要因のひとつである。事実、革命精神は、前もって用意されていた道に沿って「国民」の権利を唱え、さらに、人間には一丸となって自分たちの規則を定める能力があることを称揚するに至る。革命という凄惨な戦いとともに、ルソーの孤独な期待が革命意識に乗り移り、やがてそれが、革命の政治的伝統と呼ばれるものの礎石に組み込まれてゆく。

これは、ルソーが発信源となってひとつの影響が行使されたわけではなく、むしろさまざまな状況がぶつかり合うなかで、彼の言っていたことが事後的に実現されたのである。思想の領域で諸条件を思い描いたのがルソーだとすれば、革命はそれについての偉大で悲惨な経験を現実に味わったのだ。ルソーはすでに、個々人の自由と市民全員の手になる至高の主権とを、分かちがたく結び付けるところまで進んでいた。革命は人権を樹立したが、それは構図上、このジュネーヴ市民の視点の方向に力強く立ち戻っている――それは、神の権利を断固主張してやまない既存の宗教に対抗するためであった。宗教という障害があったからこそ、革命はそれを乗り越えようとして、さまざまな自由には至上の価値があるのだと極端な主張を行ない、政治は形而上学的な解放の手段に変貌した。

以上のような経緯で、革命は『社会契約論』の書物のなかに投げ入れられた。この点さえ押えておけば、革命がこの書物について曲解もしくは誤解をしたのではないかという問題は、それほど重要ではない。行きがかり上、ルソーの関心を状況的に共有することになったいわば構造上のルソー主義があり、これはテキスト密着型のルソー主義とは区別される。歴史的真実の観点から言えば、それぞれのルソー主義に固有の真実がある〔が、ここでは主に構造上のルソー主義を問題にする〕。

重要なのは、諸条件から物事が確定していくときに、いったいどのような論理がはたらいているかである。革命のときにも、こうした論理で物事が決まっていき、それゆえにまた革命は、この論理を、忘れえぬ記憶のなかに刻印した事件だった。この論理は、時間の経過とともにじわりじわりと表われ出てくるが、これをうまくとらえれば、フランスにおける民主主義の特徴やその持続的な独自性について、かなりの部分を説明することができる。形而上学に狙いの照準が合わされ、それが最高度にまで高まったことが、民主主義のさまざまな実践のあり方を規定している。人間集団が神々に従属することをやめ、自分自身を把握するという課題は、神々への従属に代わる形式と伝達手段を具体化しなければならないのだから、非常に骨が折れる。天の鎖から人間を解放する自由が、唯一有効な自由であるとき、権力のあり方まで考えるのは困難である。

第三共和政が共和国建設の重要な局面を迎えていたときにも、状況と源泉が交わっている。ここでも重要なのは、テキストに対して忠実か否かではなく、コンテキストが似ていたことである。教権主義の支配という引き立て役に対し、ルヌーヴィエの言う「反教権主義の感興」が高まってくるなかで、民主主義という観念があらためて洗練される。民主主義の思想が根源的に把握されるというよりも、引き立て役を得てその効果が最大限に発揮される。

ルソーは、根源性と効果の二つを結び付けている。つまり彼は、民主主義が最高度に高まるためには根源的でなければならないと考え、(市民ひとりひとりが人格的個人として一般意志の表現に参加する)直接民主主義のみが、自律の世界を保障できると想定している。これに対し、議会政治の共和国は、民主主義が根源的であることと、その効果が最大であることの二つの軸を切り離し、この切断においてこそ、共和国の秩序構想は完全に自由主義的になると想定する。公的領域において自律の理念を再び動員することは、市民の領域との分離を目的としている。集合レベルにおける卓越性を政治に与え直すという課題は、社会における個々人の良心に最大限の自由を保障する目的にも応じている。

形而上学的に言うと、民主主義の最大化は、国家と社会の自由主義的な分離をもたらす。それは、直接民主主義の道を諦めて、代表制に頼らざるをえなくなることを意味する。こうして自由主義に基づいた民主主義の、独特な形式が見えてくる。そこでは、社会的な多元性に対して一般的な認知を与えることと、国家の役割を強調することとが、緊密に結び付いている。国家は、集合体の「道徳的一体性」の中心として、集合体の行方を決定する権限を持ち、集合体は、そのような国家権力の大きさを表わし、具体化している。

このような自由主義に基づいた自律の政治を、信頼に足るものにしている決定的なポイントは、反宗教的であることをそれ自体として狙っているわけではないことである。確かに教会が現世的な事柄について介入してくる場合、自律の政治は敵意を剝き出しにして真っ向からそれにぶつかっていくが、けっして宗教そのものに敵意を抱いているわけではない。自律の政治が信者に要請しているのは、ただたんに、救いについての個人的な希望はあの世のために取っておいて、この世では自律の共同作業に参画するように、ということである。このことに、信者の大部分は合意した。共和国の成功は、信者たちを聖職者から引き離した上で、結び付け直した点にあった。

ここで問題にしている自律のおそらく主要な特徴だが、自律が構築されるのは集合的な秩序においてであって、その反対概念は、個人の秩序に属する信念である。自己所有と自己決定の獲得は、共同で存在することにかかわっており、それに該当しない存在の独特な部分については、各人が人間の条件の究極的な神秘を解釈する。こう考えると、自己所有と自己決定は最終的に形而上学的な隷属から逃れられない運命なのかもしれないが、もし仮りにそのような結論が導かれるとしても、人間が自分自身の政治機構を有している事実は動かない。人間全体を支える秩序は、人間が産み出したものである。この秩序は、隅から隅まで、人間の意志によって正当化される。人間が、自分たちの従うべき法を定めなければならないのだ。それゆえ政治は、人間の集合体が熟慮したものとして構想され、人間の自由を超越的に価値づける崇高なベクトルになっている。政治は政治の領域において、自分自身に対する力を取り戻し、自分自身を掌握していることを立証する。(20)

民主主義と全体主義

自律の政治には、宗教との対立から生まれたという本質的な来歴がある。それゆえ、これは現実の歴史において、常に二つの可能な道の前に立たされていくことになった。ひとつは自由主義の道であり、この場合は諸領域の分化が基本に据えられる。宗教は、それが他律の政治を唱える政党である場合にのみ退けられる。もうひとつは、自由主義路線の隣りに生まれ落ちた、権威主義の道である。自律の政治はこの場合、自律を掲げて宗教を徹底的に破壊することを目指し、自律の実現を名目として、市民の全存在を政治のうちに汲み尽くしてしまう傾向がある。

自律の計画をどう現実化すべきかが問題となった重要な時期には必ず、これら二つの方向が並立し互いに争った。一九〇〇年という時点もまた、この例に漏れない。宗教と国家の分離が行なわれた時期に世俗宗教が発展したのは、けっして偶然ではない。自由主義路線と権威主義路線、これら二つの動きは相関的なのだ。どちらも同じ源泉から養分を得て、同じ目的を追いかけているが、その目的に近づく道が対照をなしている。

全体主義の野望も、近現代に固有の時代の色合いを帯びている。それが形成された時期は、自由主義路線において、諸政党を競合させるという新たな形式のもとで、民主主義の理念をもう一度明確にしようとしていたのと同じ時期である。全体主義の場合には、宗教に対する根本的な敵意と、徹底的かつ決定的に政治を宗教に取って代えようとする意志が見られるが、実はそれゆえに、かえって政治が自分自身を宗教にのっとって造型する事態が起こってくる。救済の視点がこの世に移され、自律の計画とは、歴史がその目的を達成するのを助ける点にあると主張される。歴史の終わりが、完成された科学の色調で描かれる。社会はこの最終局面において自分自身と和合を遂げているため、あらゆる面にわたって自分自身を完全に把握しているとされる。要するに、神権政治がイデオロギーの政治（イデオクラシー）として生まれ変わる。

これに対して民主主義の場合には、単一性に対する信仰は見られず、逆に分離、分割、矛盾が政治文化として定着する。解決よりも問題の方が好まれる。集合体の目的をめぐる討議それ自体が目的となるような事態が起こる。自律について際限なく議論の応酬が交わされるまっただなかで、自律はみずからの自律を証していると見なされる。

二者択一〔権威主義路線か自由主義路線か〕の重要性については、あらためて強調するまでもないだろう。まさにこれが二十世紀のジレンマとなるのだから。今述べたように、二つの路線には、理念を実践に移す方法について絶大な違いがあるが、それを越えたところに見えてくる共通点にも注意すべきで、自律の政治の課題はどちらの場合でも同じように構想されているのである。

どちらの場合でも、集合的なレベルは人間の解放が実現される特別なレベルと見なされ、同じように価値が与えられている。どちらの場合でも、人間が真に人間的になる可能性があるのは、人間が自分たちに共通する存在の条件について共同で思考し意志する努力を通してでしかありえない、と考えられている。人間は自分自身を所有することによって、あるべき人間の姿になれると考えられていることも同じである――ただ、全体主義路線の場合には、これが唯一最高の目的とされ、残りはすべてこの目的に従属させられるのに対し、自由主義路線の場合には、市民の外部に私的な個人が想定され、個人的な目標については個々人が自分で序列を設けることができる。

このように分けたからといって、自由主義が、要求の多い市民権のイメージを作り上げていくことをやめるわけではなく、自由主義と結びついた民主主義の野望の大きさに応じて、市民権は要求の多いものとなる。確かに権力の発動を請け負っているのは政治であるが、権力そのものが宿っているのは共同存在であって、それ以外の何物でもない。そうだとしたら、市民であることは集合体の自律化の一翼を担う存在として重要である。そこで個人には、各人に固有の私的な地点を離れ、自分自身と一線を画し、全体的な視点、普遍的な観点を獲得することが求められる。市民権とは、公的な一般性に参加することを通じて、狭い特殊性を抜け出し、自己超越を遂げるよう、個々人に対して与えられた機会のことである。

第三章　ニュートラルな民主主義

民主主義の地殻変動

市民であることと私的な個人であることとの分離こそ、民主主義における政治的なものと神学的なものの関係を示す公式だと思われる。この公式に基づいて、共和国フランスは、自由主義的な条件のなかで、教会との分離だけでなく、宗教との分離も果たすことができた。この公式によって、共和国は覇権を獲得し、また地上の領域における完全な独立を手に入れるが、それは、市民が信者としては天と結ばれていたいと願い、その信仰を日々育み続けたいと思っている場合には、けっしてそれを妨げないことを条件としている。

事実、繰り返しを厭わず言えば、多くのカトリックがこの公式を受け入れたのも、そこに暗示されていることを引き出し、神的なるもののイメージや、神と人間との関係を思い描くことができたからだ。暗示されていたのは、神は分離されたものである、ということに尽きる。だから神は、人間の携わる政治には関与しない。教皇が、一九〇六年に政教分離を糾弾するときに主張しているように[1]、社会秩序が神の理性の極みとしての「永遠の至福」を目指すことを、神は求めていない。救済は個人的な事柄なのだ。

この暗黙の神学は、実はポルタリスが一八〇一年にコンコルダを正当化するために、明言していたこと以上でも以下でもない。「けっして宗教と国家を混同してはいけない。宗教とは、神との関係を持つ人間の社会のことで、国家とは、人間どうしの社会のことだ。人間が互いに結束するには、啓示も超自然的な助けも必要ない。人間どうしの利益、情緒、力、諸関係を考慮すれば十分である。人間に必要なのは人間だけだ[2]」。この分割の原理が、民主主義的な個人主義の価値とともに、多くの信者に浸透するには、一世紀の歳月を要した。信者たちは、彼らの指導者たる聖職者たちの糾弾にもかかわらず、それぞれ信者と市民の分離を受け入れるまでになった。

諸宗教、とりわけカトリックが民主主義のなかに取り込まれたことによって、信仰内容は不可避的に暗黙の変化を遂げた。それをもたらしたのが、民主主義の圧迫なのか、魅力なのかはわからない[3]。疑いないのは、宗教を民主主義のなかに取り込む過程で、自由の意味が変わり、国家の役割が高まり、市民の役割に尊厳が付与されたことが、〔宗教の変化の〕決定的な呼び水となったことだ。政治は宗教の外部で宗教の高みにまでのぼり、宗教を信奉する者の多くは、従順な信者でありながら模範的な市民になることを期して、共和国に賛同した。

このように公式化された原理〔信者であることと市民であることを切り離すこと〕が、どのような道を歩んできたのかを測定したければ、同じようにこの公式を発してみればよい。そうすれば、ひとつの深淵が横たわっていること、現代人が日に日にこの原理から遠ざかっていることが、はっきりわかるだろう。今日、状況は目まぐるしく変化している。つい最近まで力を持ち成功を収めていたものは、それだけ早く廃れてしまう世のなかである。これまで受け継がれてきた私たちの政治文化を突き崩すほどの不確実さの原因が、ここよりほかにあるとは思えない。従来の政治文化が見捨てられようとしているが、それは、この文化を樹立した精神ではないにせよ、少なくともその最後の偉大なる時期を作り出した精神のはたらきによるものである。

私たちは、共和国の理念によって獲得され、慣習化されたものの上に、依然として生き続けているが、共和国理念の魂は失われている。同様に、共和国理念に親しく寄り添っていたライシテの理念も失われている。共和国とライシテの理念に内実を持たせていた意味の源泉が、干上がってしまったのだ。共和国もライシテも、ともに宗教と政治の関係を規定する用語との関わりのなかで自らを定義していたが、政治関係の力学が根本から変わってしまったのである。

私たちは、他律性に対抗して自律性を獲得する時代から、脱出してしまったのだ。というのも、これまでは他律性に依拠した図式構造のはたらきによって、過去を生き生きと感じることができ、その結果、将来に希望を抱くことができていたが、もはやそうではなくなったからである。諸宗教を民主主義のなかに統合する課題は完遂された。公認宗教であったカトリックは、長いあいだその政策に反対の姿勢を示していたが、結局は取り込まれて民主主義の価値と結合を遂げた。

先ほど示唆した暗黙の神学という、密やかながらも重要な局面で見るなら、これは新たに神から遠ざかる動きを表わしている。神の観念を人間社会の規範に混ぜ込むのはもはや場違いだし、まして地上の必然と天の霊感が何らかの仕方で交わるなどという、おかしな夢を見ることはできなくなった。超自然と自然とは、混ぜたり組み合わせたりするようにはできていない。起こったのは、人間的なものと神的なものが近づく事態などではなく、まさにその反対のこと、つまり神的なものが人間の世界に対して外在化され、離れていく事態である。絶対的なものを具象化するための手立てが、あらゆる面で人間の世界から取り除かれたのだ[4]。知識であれ、道徳規則であれ、芸術であれ、政治であれ、もはや人間の経験のうち、人間を超えたものと何らかの類縁性や交通手段を有しているものはない。

この点で、現代人はひとつのカント的な時点にいる――カントは、本来の性質から言って、超感覚的なものへの道を再び開きかねないものをすべて取り除こうとし、また、彼自身にもあった傾向ながら、超感覚的なものにやはり依拠しようとする人間の性向を正そうとして、人間に依拠した知識と神学とを切り離したが、今やこの切断が完成している。別の言い方をするなら、自律性は勝利を収め、何世紀もの厚みを有した強力な引き立て役に対抗する存在として、自分自身を立証する必要がないままに君臨している。そのためにすべてが変わっている。

このように、民主主義を実践する地平と条件が、すっかり根底から変わっている。政治は宗教との対決に多くを負っていただけに、その目的と課題を見失った。一九七〇年頃、突然目に見えない引き潮が起こり、政治の目的が大幅に下方修正された。そのため、ついこの前までは集合性にかかわる行動に希望を抱くことができたのに、そのような希望自体が理解不可能になってしまった。

この観点から、ここ四半世紀にわたって民主主義の再定義が行なわれている様子を眺めると、この動向は社会主義が現実に崩壊してゆく過程と、まさに軌を一にしていることがわかる。二つの現象は、現われ方においてはずいぶん隔たっているが、奥底では密かに緊密に結び付いている。両方とも、信じうることが根本からずれるという、同じ現象にかかわっている。一方では、歴史の謎を共産主義によって解くことが不確かなものとなり、他方では、人間集団が自己統治を目指す意味が失われた。

実質的な内容の衰退の原因は、源流の枯渇に求めるべきで、私たちの共和国の姿も同じように、次第に装飾にすぎなくなっている。確かに、栄光に満ちた装飾ではあるが、そこには人が住んでいない。フランスの事例だけが孤立しているのではないが、政治を宗教の代替物として崇高なものに高めることを最も遠くまで推し進めたのは、やはりこの国なので、その後退の様子が最も目立つのもフランスである。かつて勝ち誇り、今や廃れてしまった形式と規範に、懐古趣味の魔術によって再び生命を与えることはできない——これは不可逆的な死の最たるものであって、再生を許すような潜在可能性は一切退けられている。

かつての形式と規範は、その使命を果たし終えた。対戦相手が消失したために、それ自身の存在理由もなくなってしまったのだ。かつては、市民という聖職や、国家という精神的な威厳や、共和国の祭壇での献身的犠牲に対して、霊的なエネルギーが吹き込まれていたが、もはやこの先それを復元できるものはないだろう。これらの宗教的な装置はその機能を失い、もはや修復不可能である。もはや天に対して人の国を打ち建てる必要がなくなっている。私たちは、天なしで行なう人間の政治を学んでいるところなのだ――天とともにでも、天の代わりにでも、天に逆らってでもなく。この経験は、とまどいに満ちている。

自由主義の波

断絶の感覚は、ことにフランスでいっそう強く感じられる。というのも、この四半世紀ほどの動きは、一九四五年以来私たちがしばらく享受していた期間、すなわち、民主主義的な国家と国家主導の民主主義が、前例なき成功を収めた期間に引き続いて起こっているからである。「栄光の三十年」〔訳註1〕のあいだ、フランス人は高度成長の恩恵に浴した上に、自分たちの政治的伝統の最も深い核心部分が、世界の一般的な潮流と調和しているのを見るという、特別な幸福を味わった。

国家は国民を保護し組織するものと見なされ、国家主導の政策措置にはいたるところで優先権が与えられていた。この点では、フランス人がやっていたことは、他国の国民のやっていたことそう変わらない。ただ、私たちはそこに、もちろん自分たちがその潮流の最先端にいるのだという興奮を、さらに加えることができた。世界が相手にしているのは、自分たちがいちばん上手にできることだ、という実感が持てた。それが今日、世界の潮流は私たちにとっては逆風になり、それまでの態度は古風で時代遅れになってしまった。

一九七〇年代にはじまる危機の影響を受けて、国家の梃子入れをよしとする政策断行主義は、リベラルな自動制御の回帰に押しのけられた。リベラル路線は、一九三〇年代の動乱で決定的にその信用が失墜したものと、いささか性急に見なされていたものだ。かつての危機が持ち去ったものを、もうひとつの危機が呼び戻したと言ってよいだろう。

現象は経済的側面によく表われている。この点で最も際立っているのは、一九七九年から一九八〇年にかけて、イギリスとアメリカで行なわれた政策転換で、サッチャー政権下とレーガン政権下で大胆な規制緩和が行なわれた。それから十年後、ベルリンの壁が崩壊し、共産主義の集合的経済体制が崩壊すると、資本主義の全面的表出という事態に至り、ブラジル、インド、中国といった旧第三世界の超大国が、市場経済に参入してくる。これら一連の出来事によって、世界規模の一大転換はいよいよ確かなものとなっている。市場という旗印が、それらにひとつのまとまりを与えている。

これらの事実について言及したのは、出来事をこのように並べることで潮流の大きさが見えてくるからだ。現在の地殻変動の特徴を、この大きな変化の波のなかに位置づけて明らかにする必要がある。経済の動向、政治システムの機能、社会の組織などが、世界規模で激変にさらされており、この流れに、信じることをめぐる問題も巻き込まれている。歴史には周期のようなものがあって、現在はひとつの方向転換の時期である。歴史的に見ると、私たちを規定しているのは国家的かつ自由主義的な枠組みだが、これが転換期にさしかかっている。

〔この枠組みにおいては、〕国営化が進展する局面と自由化が進展する局面とが、互いに反発しつつ互いを招き寄せる結果、あたかも構成要素のそれぞれが、代わるがわる優位に立つよう定められているかのように、物事が進行する。社会は十九世紀末以来、集団で連帯し、集合性を構造化するという大きな流れのなかで、産業革命によって引き起こされたさまざまな結果を制御するよう努めてきたが、それが終わろうとしている。一九四五年以降の国営化は、その有終の美を表現していたのだった。

今や、天秤は逆向きに傾きだしている。それはあたかも、国家の梃子入れによる安定化路線を、従来の枠組みの限界まで推し進める一方で、このままではそれが有効でなくなることを見越して、一段上の自由化の諸条件を作り出していたかのようである。実際、現在進行している自由化は、これまでに蓄えられてきた予測可能性と安全性を頼りにしている。だが、他方では、もはや自由放任によって秩序が形成される仕組みがあるという考えには戻れない。今後自由化が進めば、現在のところ国家による統合の刻印を受けているものが、前代未聞の地点でまったく新しい特徴を備えるに至るのではないか。おそらく人びとは、そうなるだけの理由とその道筋をすでに感じている。

この自由化の動きは、強力な柱によって支えられている。現在起こっている自由化は、情報とコミュニケーションを看板に掲げているが、それを育んでいるのは技術システムの進歩である。多くの論者にしたがって、そこに第三次産業革命の原動力を認めるべきかどうかはさておこう。ともかく確かなのは、新たな通信機器と通信網が、かつての機械化の波と同じくらい、いや、おそらくはそれ以上の力でもって、人間の地位と人間関係のあり方を揺るがし、人間の行動と行為の諸条件を塗り替えていることだ。

技術革新は、文字通り新たな人間関係に基づく空間を切り拓く。それは、人間存在の全体を組み替えようとする。比類なき連帯の世界と、脱中心化の徹底した世界とを、同時に描き出す。私たちを結び付けなおし、結び付けつつ特異化する。普遍化と個人化が同時進行する。垣根が取り払われ、参照可能な情報の領域が拡大し、そこで一般関係が築かれている。それによって、個人的な意見や特定の関係を重視したり、一時的に交渉関係を築いたり、直接的な相互関係を作り出すことができるようになっている。

これまでの産業社会では、組織を常に拡張しながら制御と命令の体系を集権化していく方針が採られてきたが、産業社会の鉄則を構成していたと思われるこの傾向が終焉しつつある。また、これまでの大衆の時代においては、匿名の人間を大量に動員して、大きなシステムに組み込むやり方が採られてきたが、現在の論理はそこから遠ざかって手の込んだものとなり、個人レベルでも組織レベルでも、アイデンティティを外に向かって発信し確かめるという方向に移行しつつある。この論理は従来の中心化の動きに対し、いたるところで歯止めをかける傾向がある。従来の垂直的なヒエラルキー構造に代わって、水平的なネットワークを構築している。これまでは、着実に目的が達成できるよう、いかに不確実性を小さくして計画を立てるかが課題だったが、新しい論理は、パートナーシップとイニシアティヴの更新に向かって開かれていて、しばしば思いもよらない結果をもたらす。自律的で自己管理的な市民社会モデルが、このような具体的な状況に直面したことはいまだかつてなかった。

私は、技術の変動だけで個人化の波を説明し尽くせるとは考えていない。個人化の波は現代の目立った特徴のひとつを表わしているが、それはさまざまな背景を持つ諸要因が合流し、複雑に絡まり合うことで生まれている。この波の源泉を突きとめ、そのダイナミズムの固有性をつかむには、まずはそれを長い時間のなかに位置づける必要がある。しかしながら、個人化の波を生んでいる基本的な構造を理解したとしても、一般的な原理からそのまま具体的な社会の相貌を引き出すことができるわけではない。歴史のさまざまな段階で、個人の諸権利の要求が実際になされたからこそ、具体的な社会の顔ができあがってきたのだ。したがって、あるときどのようにしてその表情が現われたのかを理解するには、その前後の状況に手がかりを求め、何が出来事に拡大をもたらしたのか、という観点から考察しなければならない。

この点で、福祉国家が、それまでの人びとの結合様式を解体する強力な力として作用したことはまちがいない。福祉国家は個々人に安心感を抱かせたが、その際に、かつて必要不可欠な保護の役割をはたしていた家族や共同体の帰属から、人びとを引き離した。こうして個人化の波は、再分配を行なう官僚制の大きな釜のなかで密かに準備されていた。一九七〇代以降、それが一気に吹き出したときには、すでに二十年もの発酵を経ていた。技術的な要因がこのとき果たした役割は、おそらくすでに生じていた社会現象を引き継いだだけだ。

しかしながら、個人化がこのように突然出現した脇で、何が消えてしまったのかを考えることもまた重要である。突発的な圧力がはたらいて、集合的な枠組みより個人的なものを優先させる傾向が急に進んだことははっきりしているが、その脇で何が密かに消え、何に対する興味が薄れたのかが問われなければならない。なぜ、集合的なものによって担われていた牽引力が弱まり、個々人は自分自身へと立ち返ったのか。原因はやはり政治的行動に対する希望が衰えたことに求められる。もう少し砕いて言うなら、公的な力に対するそれまでの信頼が弱まったのだ。希望や信頼が失われたのは、独自性が急にもてはやされたからでも、私的生活の魅力が突然増したからでもない。それは内側から崩れ去ったのであり、そうしてできた場において、個々人は自分の独自性を見出すよう余儀なくされている。

ここでの目的は、今述べた変化を徹底的に検証することではない。だから現象を構成する要素のうち、特に際立ったものをいくつか指摘するだけで満足しよう。現象全体が複合的で混合的な集合物であり、雑多、不安定、矛盾といった特徴を備えていることを浮き彫りにできれば十分である。この不規則な形状を復元することが重要である。そうすれば、この四半世紀に及ぶ急激な個人主義化によって、かなり再編の進んだ社会状況の起伏に富んだ輪郭を、いくらか正確につかみ出せるだろう。

家庭から教会に至るまで、個人主義化のあおりを受けずにすんだ制度はひとつもない。礼儀作法、犯罪、流行、愛、労働、市民権――社会関係のどの部分を切り取ってみても、何らかの形で個人主義化の刻印を受けなかったものはない。また個人主義は存在の深部にまで浸透して、精神的な障害のあり方を変え、従来の無意識の枠組みではとらえ切れない事態が生じた〔訳註2〕。個人主義の波は、社会生活を動員と参加の時代から脱出させただけではない。前代未聞の人類を出現させたとまでは言えないにしても、人類の歩みに方向転換をもたらした。

政治の領域でも方向転換が見られる。今ここで問題にしている時期は、民主主義というものが疑いえなくなった時期でもある。この事実が注目に値するのは、かえって経済は不振に陥り、社会の急激な変化が人びとの不安を駆り立て、拒否反応を引き起こしているからだ。こうした状況なのに、民主主義に対しては誰も反対を唱えない。一九二九年の株の大暴落が、ブルジョワ的秩序に対する拒絶を引き起こし、全体主義の興隆を招いたとすれば、一九七三年以降、経済発展の頭打ちとともに起こったのは、おそらくそれまで結び付いていた革命精神と代表制の諸形式・諸規則が、解体の方向に転じたことである。民主主義が人びとの意識と習慣に決定的に根を下ろしたまさにそのときに、民主主義は深いところで変貌を遂げた。民主主義が定着すると同時に、その精神とそこでの優先順位が再定義された。

従来は市民が一丸となって主権を行使することに基本的な強調点が置かれていたが、今や力点は個人の諸権利の保障へと移動した。一九四五年を回った時点での基本的な関心事は、かつての議会偏重主義がひどく無力だったことを受けて（フランスでは今でもこの無力が続いていると言える）、民主主義政府はそれでも効果的なのだと確かめる点にあった。

その後、関心の焦点が変化した。人びとの関心は次第に、多数派の握る権力をどう行使するかよりも、少数派の権利をどう保護するかに移っていった。一般意志が定めた目的を達成するのに、最も直接的で確実な手段を求めるより、立法者の決定が合法的か、合憲かを確認する手段の方に、関心が向けられていった。訴訟手続きの適法性が、立法上の討議や公的な行動の対象にもまして重要だと見なされるようになった。私たちは知らず知らずのうちに、権利と判決の民主主義に移行した。

そもそも民主主義の第一の課題は、市民を権力に参加させることであった。この課題は理論家たちが最初から述べていたことだが、十九世紀末以降、大衆が政治に参入してくると、それが実践の具体的な場面で問われるようになった。最も急進的な一派は、市民を権力の内部に組み入れることさえ考えた。その結果、さまざまな自由を権力から保護する課題は、しばしばあと回しにされた。この傾向は、自由の保護の実質的な確保に最も熱心に取り組んできた、自由主義の伝統国においても見られた。ところが、二次的なはずの課題が、第一の課題にのし上ってきた。個々人の自由を外在的な権力から保護することが、優先課題となったのだ。政治の舞台の大唱和の陰で、多数決による決定の外部で、かけがえのない個人の声を聞き取るにはどうすればよいのだろうか。脱政治化された個人のものを、他の物に還元せず、維持するにはどうすればよいのだろうか。こうして、自由主義的な民主主義では、政治参加の側面より、自由の側面が優位を占めることになった（もっとも、政治参加の民主主義の存在自体が損なわれたわけではない）。

そのために、言葉の意味が変わってしまったのだ。かつては、「民主主義」とは、個人的なものを集合的な意志の単一性のなかに包み込むことであった。民主主義の偉人たちは、平等による政治の真骨頂を、そこに見ることができると信じていた。ところが、現在の私たちにとっては、何であれその性質上、このような包摂を起こさずにすませてくれるものが、「民主主義」の証明書なのである。

公私関係の再編

経済の領域から政治の領域まで、さまざまな兆候がひとつに収束してくるというのは実に意味深長だ。現在進行形の事態であるため、なかなかうまく距離を取ることはできないが、私たちの目の前で、社会と国家の諸関係が大規模な変容を遂げていることは、まず確実視してよかろう。

現在行なわれているライシテ再定義の作業も、この文脈に置き直す必要がある。ライシテの再定義自体が、現在起こっている大規模な変動を表わすひとつの要素なのだと理解できてはじめて、これまでのライシテと現在のライシテには断絶があり、またそこに深い意味があることがわかってくる。そして、ライシテの歴史の流れのなかに、ひとつの分水嶺が形成されていることが見えてくる。つまり、宗教と国家の関係をめぐる長い歴史は、現代世界の全般的な動揺を受けて、おそらく新たな段階に突入している。逆に言えば、公共空間における信仰の位置と役割の変化に注目すると、現在進行中の一連の変動の全貌が見えてくる。というより、そうしなければ、全貌はうまく理解できないはずだ。民主主義の世界は今、大きく変わろうとしている。その変貌の本当の意味を歴史的に明らかにできるかどうかは、信仰のあり方がどう変化しているか、その理解にかかっている。

実際、いわゆるライシテ問題だけを見つめ、狭義の公法の枠組みで検討しても、「分離」の段階が自由主義的に完遂されている様子しか見えてこない。過去のさまざまな争いの痕跡は薄れてきた。かつてのライバルは、ともに自分たちの要求のレベルを下げた。カトリック教会は、かつて握っていた規範的なヘゲモニーを葬ったし、共和国は、宗教の代替物として振る舞うことをやめた。もはや信仰は、さまざまな選択肢が入り乱れた領野のなかにあるものとしてしか考えられない。もはや共和国の運営は、いかなる信仰からも解放されていると理解するよりほかなく、共和国を基礎づける法的諸原理に対する熱心な賛同からも切断されている。要するに、国家は決定的に中性的となったのであり、それに相対する市民社会は決定的に自己組織的な多元主義を受け入れているとされる[5]。

だが実際には、この見方で押していくと、新たな始まりが隠れてしまう。「分離」のパースペクティヴは部分的には正しいが、肝心な点を取り逃している。関係的なものの発展には、その関係を規定する言葉自体の変化がつきものだが、従来の視点では、そうした言葉の再定義を捉えそこねてしまうのだ。確かに現在の動向は、多くの点で、二世紀来続けられてきた市民社会と国家の分離という課題が深化したものではある。だから、すでに一九〇〇年頃にひとつの重大な時期を通過したこの課題が、現在もうひとつの大事な時期にさしかかっていると見ることは可能だ。だが、現在の動きを見ていると、少なくとも従来の動きとはまったく異なる調子が表面に出てており、以前の結果と現在の様子を並べて論じることができるかどうかは疑問である。

公的な極と私的な極の差が開いていくにつれ、公私それぞれの中身と公私の関係が再編されている。これがとりわけ当てはまるのが、相関関係における宗教の精神と政治の精神の中身である。だから、両者の相関的な変容が、公私関係の一般的な鍛え直しをめぐる試金石となっている。

これは何ら驚くべきことではない。政教関係が試金石となるのは、今に始まったことではないのだから。特にフランスという実験室で典型的に見られたことだが、かつて市民社会と国家のあいだに境界線を引くときにも、政治と宗教が衝突した。市民社会と国家を分かつには、包括的だったかつての信念を、自律という卓越的な価値の名において私的な空間に追いやり、代わりに政治を、新しい包括的な求心力として確立しなければならなかった。この公式が暗示する内的緊張については、いくら強調してもしすぎることはないだろう。その寿命がさほど長くない理由もそこにあって、それは市民の領域の自由が、国家の領域を通して打ち立てられているからだ。国家の卓越性は、歴史上のある時期には、歴史を推進するのに必要不可欠な道具であったが、今日では、歴史が続いていることにより、まさにその卓越性が疑問に付されている。

私たちは、以前とは違う状況に置かれている。現代の主要な特徴は、政治の領域と市民の領域の分化が行き着くところまで行き着いて、二つの領域の上下関係がなくなってしまったことだ。共同の意志を高め支えていた知の支柱が地盤沈下し、同時に、乗り越えるべき障害として立ちはだかっていた相手のレベルも低くなった。もはや教会は、包括的であろうとしても、その手段を有していないし、いまや、そのような教会を包み込むことが問題なのではない。その結果、一方では、政治の意味が根本的に変わりつつある。他方では、私的な信仰の公的な位置が同じように根本的に変わってきている。この変化は、市民社会の担い手たちが一丸となって自分たちの正当性を作り出すやり方が変わったことを、最も雄弁に物語る一例である。

このような再編を分析する場合にも、やはりフランスの事例はひとつの特権的な枠組みとなる。ここでは方向転換の大きさが最大化されており、この転換に抵抗する力も、他では見られないほど強力だ。国家の使命の再検討はいたるところで行なわれているが、フランス・モデル以上に痛々しいケースは見当たらない。それまでは、公権力には近代化をもたらす役割があると強調され、古くからの共和主義的・道徳的な国家の卓越性と、戦後の高級官僚による功利主義的な支配管理体制とがしっかりと組み合わされていただけに、今回の転換は途方もないものとなっている。

現代人が学ばなければならないのは、公的領域には超越性がなくなり、私的領域には遠慮がなくなる状況を生きるということだが、フランス・モデルはその分析にも役立つ。この状況の具体的な展開にかけては他のところの方が進んでいるとしても、その含意を、フランス以上に明瞭なコントラストで示してくれるところはないからだ。このように見ると、民主主義がニュートラル状態になったことが、ライシテ原理の第三の時代の核心にあると思われる。

第四章　戴冠せる市民社会〔訳註1〕

現在生じつつある事態の変化をきちんと理解するには、これまで論じてきた点、つまり他律のみならず自律も相対化されているという点に、そのつど立ち返って考えなければならない。現代の精神的・知的な出来事は、この自律と他律に共通の相対化によって規定されている。むろん、この相対化こそが現在生じているさまざまな変動の原動力だというわけではない。それらの変動に諸々の意味を与える、意味の発生源にすぎないが、そこを出発点にすれば、現在の変化を一貫した視点からとらえ、総合的に解読することができるのである。

民主主義世界の変貌の核心にあるのは、その対極にあったもの〔他律を軸とする政治〕が消滅したために課せられた、民主主義自体のとらえ直しである。他律がもはやまともな政治的意味を持ちえなくなったことで、人間の共同体を統治するのは人間自身だという事態の受け取られ方が様変わりしたのだ。これまで人々が彼岸に依存してきたものを、今や此岸の権力が体現しているのだと言っても、もはや誰も何のことかよくわからないだろう。神的なものへの恩義を深く感じている人びとも、その例に漏れない。ノスタルジーの旗を掲げてみたところで、もはや他律の政治のもとに集う者などありはしない。同時に、それと並行して、それまで他律を転倒させることで作り上げられてきた自律のイメージは、そのダイナミズムを失ってしまった。勝利を収めることによって凡庸化してしまった。自律は、もはや困難を克服して到達すべき崇高な目標ではなく、私たちをとりまく状況のうちでも、基本的で卑近な既成事実にすぎない。自由とは何を意味するのか、どのように自由を統治できるかを、きちんと再検討する必要が出てくるのもそのためである。

変わりゆく国家・社会・個人

このように自律が、理想の目標としては蒸発してしまったために、まずは、国家の最終的な中性化が成し遂げられた。もとより国家は、宗教とは別次元の目的を設定し、それに取り組んできたという意味において、宗教に対して中立的ではあった。それに対して現在では、政治の舞台が究極的な理念の劇場とは見なされなくなっており、その意味で国家は決定的に中性的になろうとしている。もはや政治の舞台で、人類が自分自身を完全に理性的に掌握するまでの道のりが演じられることはあるまい〔訳註2〕。その道のりの果てにある姿が、自分自身を知り尽くした共同体という極端な形をしていようと、あるいはそこまでいかめしくなく、より近づきやすい形態、つまり構成員が自分たちを結びつけているものについて自覚的に合意に達するべく努力している、というだけの共同体であろうと、同じである。

このように人間集団の中心部に空隙が穿たれたために、公と私、個人と国家に割り振られていた役割は、根本的に改められることになる。民主主義を理解する際に鍵となる現象が、まさにここにある。これまでと言葉は同じで、原則も変わっていないが、文法は別のものであり、メッセージは非常に異なっている(1)。人類の冒険をどう究極的に意味づけするか、それに対してどのような態度をとるか、こうした問題は、みな個人の側に差し向けられることになる――人間の集合態が自律の扉を開くと見なされていた時代には、いつでも集合態がそれ自体で意味のある形而上的な課題を表象していたが、もはやそのような課題は、集合的なものによって表象されることはない。

かつてであれば、人は自分の存在を正当化し、究極目的についての疑問に対する答えを得る代わりに、私情を挟まず公的なもの〔訳註3〕に身を捧げることができた。今や、献身したところで、こうした威光にあずかることはできない。最終的な見解はけっして共同体のレベルでは規定されない。この次元では、人は運命にかかわる問題への解答を、そもそも自分の内から引き出すことはできないのである。自律にかんすることも、共同存在の意味にかんすることも含めて、ただ個々人だけに、究極的な事柄について意見を述べる権限が与えられている。最終的には集合的な生において起こっていることであっても、それについての個々の成員の見方しか存在しない。集団には、自分自身を目的に設定することを可能にするような、究極的な自己正当化の手段がない。

最近、新しいタイプの個人主義が広まってきたが、その源泉のひとつがこれではっきりした。この個人主義には、人を非常に当惑させる面がいろいろとあるが、その一面もここから明らかになる。私たちがこれまで慣れ親しんできた考えでは、個人主義とは、肯定的で、人間を解放するものだった。これに対して現在展開している個人主義は、少なくともその主要な特徴のひとつについて言えば、自分から進んで引き受けたものというより、いやいや受け入れたもののように見える。このような見方は、観察から生じる疑念を裏付けてくれる。現代の個人主義は、押し付けられた個人主義なのだ、と。

それは、個々人の内面的なエネルギーがなぜか突如激化したものであるというよりは、外から押し付けられた責務を溜め込んだものに、よほど近い。宗教的・道徳的・哲学的な信念の領域における個々人の独立要求によって、こうした個人主義が出てくることもなくはないが、あったとしてもわずかである。現代の個人主義は、集合的なものに託していた期待が叶えらずに、個人の側へと逆流してきたものであり、その結果として、構造的に個人の次元にあらためて正当性が与えられたという事情から生じたものである。個人主義を享受している者たちの多くは、個人に重い責任が課されるこのような状況を、いっそやりすごせたらどんなにいいことかと思っているだろう。

個の次元に再び正当性を与えるこの動きは、意味の責任を負う個々人のみにかかわるものではない。諸々の体系化された宗教、道徳、哲学にも――実を言えば、共通善〔共通の利益・公共福祉〕の問題に何らかの形で答えることのできる教説すべてに――かかわっており、この問題に対して、政治はもはや本質的に一貫した解決策を提供できない。私たちとしては、手持ちのもので何とかやりくりするほかない。遺産として利用できる資源が、市民社会のなかで再動員されているのはそのためである。かつて歴史科学や解放の哲学が、共生という独自の思想を洗練させることで野心的に超克しようとしていた個人主義的な思考や言説が、さまざまな領域で復権しつつあるのもそのためである。

政治の優位が崩れ去った結果、もっと慎ましやかな諸問題が再び顔を覗かせているだけに、この復権への動きはよりいっそう激しいものとなった。以前は政治に従属していたそれらの問題が、ふたたびそれ自体人びとを行動に駆り立てる要因となる。公的なものにおける至高の価値こそが重要だった時代には、人びととの日々の振る舞いを導くさまざまな価値の競合が引き起こす問題は、ほとんど問題として立てられなかったか、あるいは推定的に解決可能なものと思われていた。今や逆に、日々なすべきことに指針を与えるために、高みから命令が下されるといったことが、まったくなくなってしまった以上、この問題は、それ自体で解決されるべき問題として、新たに個人のレベルで生じてくる。こうしてまたひとつ、蓄積された伝統のほうに向き直り、過去を再検討する理由が出てきたわけである。

何かをもう一度自分のものにしようとしても、取り戻したものはどうしようもなく変質してしまっている、ということがよくある。受け継がれてきた宗教や道徳は、はっきりと規定された役割を担うべく召喚されたわけだが、だからといってその役割は、必ずしもそれらの宗教や道徳が自発的に望むようなものとは限らないし、そうした役割を押し付けられれば、最終的には必ず当の宗教や道徳は変化することになる。変化は、先で見るように、分析を行なうに十分なほど、すでにはっきりとした輪郭を取っている。公的な理念については私的な解釈しか成り立ちえなくなっている以上、現在、信念や信条に求められているのは、個人的な選択の領域にとどまりつつも、集合的な生に意味を与えることである。この点をおさえておけば、公と私の境界がかなり動いていることも見えてくるが、これは後で論じることにしよう。今のところは、この点に留意すれば、政治や国家の領域の新たな位置づけについても一挙に見てとることができる、と指摘するにとどめておく。

すぐに分かるように、遠くからその表層を眺めて判断するよりも、事態ははるかに曖昧である。公的領域は、その根底においては、個々人がそこに持ち込むものだけで成り立っている。それによって中立性が極まり、公的領域は不安定なものとなるのだという結論が出てくると思われるかもしれない。だが、公的領域に持ち込まれるべきものについては、個人によってどうしても意見が分かれてくる。そこで、共存していかねばならないという至上命令がかなりの重要性を獲得し、それと同時に、そうした共存の可能性の諸条件を整え保障する仕事は、際立った威厳を授かることになる。重要性や威厳と言ったが、これは中立性の原理がまた別の側面で公権力にある義務を課すため、さらに強められる。すなわち、公権力は、集団でなされる議論において各成員がもたらす貢献を等しく認めると、保障しなければならないのである。言い換えれば、公的なものが実質面で衰退しても、機能面では潜在的に拡張していて、それが覆い隠されているのかもしれないのである。[訳註4] これは国家の歴史をひもとけば昔からよくあることだが、おそらくはまだまだ驚くべき事態が生じてくるのであろう。

以上のテーゼを、やや異なった観点から述べることで強調しておきたい。人びとが多様性の素晴しさに突如として気づいたから、市民社会の戴冠が急がれたわけではない。政治社会〔公的領域〕で力を発揮していると思われていた錬金術が消滅したがゆえに、市民社会が前面に押し出されたのであり、市民社会の多様性――個人的・物質的・知的・精神的な、あえて言えば多様な多様性――が、誰の目にも明らかな姿を現わすことになったのである。こう言ったからといって、それまで多様性が軽視されたり抑圧されたりしていたわけではまったくない。ただ、人間集団が自分自身と邂逅を遂げるべく、理念をもってより高い統一性の構築を目指していた時代には、多様性は乗り越えられるべきものだったということである。

問題はつまり、私人から市民へ変貌するといった形の表象によって、よりよいものへの移行を保障することだった。（私人としての）人間は、市民の装いを身に着けなければならなかった。

個別の利害関係を表明する場合にも、全体の利益という言語を用いて表現する必要があった。何らかの信条によって結束した共同体〔例えば政党・市民団体・宗教団体など〕について言えば、そのなかで公的領域に位置づけられる部分と、私的領域の闇にとどまるべき部分とを、はっきり区別することが求められた。言い換えれば、社会体の構成要素はそれぞれ、独自の規則を備えた公共空間という舞台に登場するために、自分自身にはたらきかけて、自分を定義し、有機的に組織し直す必要があった。

かくして、市民社会の自立化と多元化を決定づける段階が一九〇〇年前後にやってくるが、そこで目指されていたのは、先にも述べた社会の各構成要素の解放された力を政治空間に導き入れるべく、そのあいだを取りもつ機構を構築することだった。私〔特殊〕のなかに閉じこもっている市民に、教育や情報を通じて、自己を解放する手段を与える場合がそうであったし、さまざまな職業・団体・階級に対して、社会的な利益関係の包括的な調整に積極的に参与する手段を与える場合がそうだった。さらには、諸集団の大きな力が民主主義の運営に介入してくるのに対し、政党を通じて、その介入をわかりやすく一貫した形へと整理誘導する場合がそうであった。

これらの仲介物に根拠を与えてきた超自我が、蜃気楼のように消えてしまった。これらの仲介物は慣習によって惰性的に用いられ、あたかも社会のなかで今なお機能しているかのようなそぶりを見せてはいるが、実際にはきわめて弱体化し、根底から正当性を剝奪されている。これまで市民社会を規制していた枠が、このように取り払われつつあるために、市民社会が国家から決定

的に離れる動きが促されているのであり、現に私たちが目の当たりにしているように、その分離は完遂されつつある。〔訳註5〕

この枠組みの緩みを利用して、市民社会がはじめて完全に政治の外で、雑多な構成要素としてじかに把握されている。もはや〔私人としてではなく市民として語るなど〕より高次の言語に変換する必要はない。社会の領野に見出される物事は、それぞれありのまま受け取ればよい。集団の最終決定に応じて現実の多様性を捨象する必要もない。個々の社会的事実を分け隔てている差異は、捨象不可能であるばかりでなく、それ自体ひとつの価値を表わしている。ある意味では、単に視点が変わったというにすぎないが、ただし大きな実際的帰結を伴っている。これは、見方が新しくなれば、具体的な事象にも影響する以上、当然であって、事象というものの中身は、その大部分が人の抱く表象でできているのである。

この場合で言えば、見方が変わったために、社会の動き全体に連鎖反応が引き起こされている。まずは社会の動きを構成する要素やそこに参加する者たちに、次いで彼らの相互関係（市民社会）に、最後に彼らと国家との関係に影響が及んでいる。個人や団体の位置づけを外側から照らし出す光の当て方が変わったため、彼らは内側から再定義を行なうようになったのだ。この再定義を受けて、今度は彼らの共生をはかるやり方が再検討される。そして最後に、このように徹底的に自律化した市民社会の領域を構成している諸要素が、政治社会の領域でいかに代理表象されるか、この表象関係の特質や具体的な表象手段を再考する必要が生じてきている。

私的な権利の公的な使用

新たな秩序をめぐるさまざまな兆候のうち、最も目につくものとして、まずは次の点から出発することにしよう。すなわち、個人の私的な権利が前面に押し出されているという点である――あえてこのような厳密な表現を用いたのは、「人権」という表現をまさにこう言い換えるのでなければ、このテーマが現在、再び注目を集めていることの意味を、正確に把握することができないからだ。〔訳註6〕人権であればどんなものでも問題にされるというわけではなく、今問題になっているのは、きわめて正確に規定されたある一つの人権概念なのである。

共和主義によって確立された元々の〔フランス革命時の〕人権概念においては、諸権利が個人に帰属することと、個人が市民社会に所属することとが互いに支えあっていたが、現代的な人権概念の特色は、社会に所属する市民に対抗する形で、個人に帰属する権利を利用する点にある。また、ここで問題となっているのは、人権の理論面ではなく、社会での実際的な機能の面である。つまり、社会構成員が、自分の権利の基盤だと直観的に理解しているものを基準として、各々運用しているような人権である。このように理解された人権は、抽象的な体裁に仕立て上げられることを必要とせず、具体的な状況において見事に機能している。

私たちは今、これから書かれるべき、ある歴史の領域に足を踏み入れている。それは、自然権の諸理論が社会生活の具体面に入り込んでくる様を描いた歴史である。十七、十八世紀に、現実に存在する社会から遠く隔たったところで練り上げられた自然権の理論は、数奇な運命を辿って、少しずつ実際の生活のなかで具体化されてきた。この理論がはじめて実際の政体と遭遇したのは、フランス革命においてであったが、遭遇の結果はあまりに破壊的で制御不可能なものだったので、この理論は根本的に現実にそぐわないと見なされ、以後永久に捨て去られるべきだと思われた。

その後一世紀は歴史に即した思考が有力となり、自然権の理論は抽象的なまま、すっかりなおざりにされていた観がある。しかしながら、十九世紀末に、具体化を求める新たな声を後ろ盾として、この理論は再び登場してくる。二十世紀の少なからぬ部分を占めた全体主義の時代には、社会批判や生の哲学、歴史哲学が大挙して回帰してきたために、自然権の理論は再び覆い隠されてしまった。

ところが、全体主義の時代が衰退して、この理論はかつてなかったほどの具体的な内実を具えて再び姿を現わしている。なるほど、自然権の理論は現実に近づくことによって、本来それが表わしていたものからだんだん遠ざかり、漠然と人びとの考えに影響を及ぼしているだけだと思いたくなるかもしれない。けれども事実はまったくそうではない。むしろ逆ですらあるだろう。この理論が現実の社会に次第に入り込んでくるということは、たとえ予想外の展開とはいえ、当初のモデルが厳密な形で回帰してくることを意味している。したがって、現在定着しつつある状況は、自然状態という虚構が現実に具体化しつつあるものとして描写することができるかもしれない。かつて市民権の哲学は、この虚構を支えとして、みずからの主張を基礎づけていた――今やこの虚構が具体化することで、市民権の哲学が推進してきた政治の観念が転倒されようとしている。

問題をはっきりと顕在化した形で、つまりルソー以後に定式化された形で取り上げるなら、争点は、集団が主権を自分のものにすることをいかに正当化するかであった。解答はよく知られたものだ。このような主権が生じうるとすれば、それはそもそも、原始状態において独立していた（したがって等しく自由でもあった）人間たちが、契約によって結びついたからにほかならない。このような結合は、主権の領域において平等な自由を維持し行使する以外の目的を持ちえない、というのである。

このように集団を解体したうえで契約によって再構成する虚構の論理を介して、市民であることが個人であるための決定的な契機となるような政治参加のイメージが生じてくる。人間集団に形を与える作業に参画している瞬間こそ、個人は最も自分自身であり、自分の根源的な条件を見出す。自分の人権が市民権として表現されるとき以上に、人権というものを如実に実感することはない。自分の個性が最も奥行きをもって自分の目に映るのは、それが一般意志において重要なものとされるときであった。市民としての社会への所属と、個人としての社会からの独立とは、矛盾するどころか、互いの真正性を保証しあっていた。人間は、市民であるとき十全に人間となるのである。

これは、調和していたものが、いつしか反目しあうようになったということではない。個人個人を切り離すことと、そうした個人を社会化することのあいだには、実際には対立ではなく、きわめて逆説的な共存関係がある。契約説を唱える哲学者たちのいう自然状態と社会状態、個々人の根源的な独立状態と契約による結合状態が、あたかも両者同時に既成事実となったかのようなのである。

民主主義の諸原理が人びとの習俗のうちに否応なく浸透し、民主主義の大望は小さくなる。二つの現象が組み合わさり、その相乗効果から、ここに前代未聞の自由主義体制が生まれてくる。市民が社会に所属するということがかつて意味していたのは、自然の秩序から言っても宗教的に見ても、社会的紐帯のほうが、それによって結び付けられる人間たちよりも先行して生じているということであり、所属するとは本来、束縛されるということであった。所属を自由と両立可能なものとし、さらには、人間の自律の重みを担わせるべく、所属を人為的なものと見なし、人びとの意志を結集した営為に帰する必要性が出てきたのもそのためである。

だが、今や人為も意志も必要ない。所属は人工的でありながらも——人為によるものと見なされていたときに有していたさまざまな特性を依然として保持しながらも、という意味であるが——、再び自然なものになったと言えよう。所属は、それを存在させようとするいかなる意図にも先立って与えられているにもかかわらず、個々人の自由が紡ぎ出すもの以外の何物でもない、と見なされることになる。社会的紐帯は、もはや個人に先行するものとは見なされず、あたかも個々人によって創造されているかのようである。そして、この自由な所属のなかで、個々人は絶えず結びついたり離れたりしながら、存分に独立を謳歌する。個人は、集団のなかに位置するものとしてしか、自分のことを思い描くことができないのに、あたかもその外部からやってきて、自分が生まれつき持っている個人的な権利は集団内部でも認められるべきであるかのように、集団内で重要な位置を占めていたいと欲する――あたかも契約前と契約後の状態が重なり合うかのように。

言い換えれば、個人は今や、私的な権利を公的に使用することを目論んでいる。私的な権利は、政治の舞台に対して完全に外在的なものとして措定されながら、ありのままの完全な形で政治に圧力をかけることのできるものと見なされるようになった。政治離れが深く進行している一方で、さまざまな権利要求がラディカルに繰り広げられる、という状況が矛盾しないのもこのためで、その背景には、全体の統括にかかわる仕事を委託されたすべての者たちに対する、極端なまでの不信がある。

法外な権利要求の動きも、実はある暗黙の了解を含んでいるので、それがいかなるものかを見定めることが重要である。というのも、それが未来の動向を左右するからである。それぞれの要求を還元不可能な独自なものとし、正当性を認めさせようとするこの動きは、表面的には政治不信を叫んでいるが、その裏では、そうした要求の共存を探り、それらの統合を保障する任にある機関の実行能力に対して、驚くほどの信頼を寄せている。古典的な市民権のあり方との決定的な差異が明らかになるのは、まさにこの点においてである。

かつて市民権の基礎となったのは、一般と個別を結びつける考えであり、各市民には自分なりの観点から全体の観点を取り込むことが求められていた。次第にはっきりしてきた新たな状況にあっては、一般と個別を切り離すことが支配的になっており、一般性の次元で決定を行なう機関に対して個としての権利を認めさせるべく、各人が努力しなければならないとしても、個人が全体の観点と結びつくよう求められることはまったくない。それは任務に当たる者が何とかすべきこととされる。個人とその諸権利によって特徴づけられる現代の民主主義は、ひそかな相関項として、少数者支配〔寡頭政治〕を抱え込んでいる。自分では権力を糾弾し押さえ込んでいると自負していながら、実は当の相手に信頼を寄せているのである。民主主義の未来はこの矛盾の上で決することになるだろう。

市場原理社会

以上の分析は、市民社会のなかで機能している利益という概念についても当てはまる。そこで追求される利益が自然発生的なものか、計画的なものかは問題ではない。個人の権利の地位が向上すれば、利益概念が再評価されることになるのは理の当然である。権利を有している者とは、別の面から見れば、利害関係を有する者でもあるのだから。両者の辿ってきた道筋は軌を一にしている。かつて個々の利益追求は、自己を正当化するために、全体の利益を構成する一要素なのだと主張する必要があった。ところが今や、それは剝き出しの形で、単独で、それ自体で正当なものと見なされている。全体の利益に貢献することを前もって請け合う必要もなく、自由に活動することが認められている。

「自然」状態の自由や平等のように、利害関係も原理的には、他の何物にも還元できないという性質を有している。個々の利益追求は、行き着くところまで行くことができなくてはならない。唯一の制限は、他の利害関係との平和共存と公正な競争を保障してくれる規則を守ることである。社会権力が行なってもよいとされているのは、ただそれらの規則を定め、遵守させるべく意を注ぐことだけであって、いかなる場合にも、自分たちこそがより高次の利益〔公益〕の鍵を握っているのだと称して、個々の利害関係の取り分を事前に独断で裁量しようとする権利はない——全体の利益はもはや、個々の利益追求が自由に競争した結果、事後的に生じるものとしてしか見られなくなっているのだ。

もう一つ別の見地からも、市場の観念が近年再び力を得ている理由を見ておくことにしよう。この見方の長所は、どうしてこの観念が新たな用法を得て拡張しえたのかを、明らかにしてくれるところにある。実際、この面から見ると、新たな市場概念は、経済効率をあれこれ考えることとはほとんど何の関係もない。この概念が新たな意味を獲得したのは、社会構成員の政治的な位置が再検討された結果である。そしてまさにこのために、広義の市場概念は、社会関係の一般的なモデルとして機能しているのだ。この場合、問題となっているのは、社会の内側にある経済体制としての市場ではなく、実際に市場原理で動く社会である。社会全体の利益を唱えて、個々の利益追求を強制的に調整することがなくなった現在、皆が互いに独立し、自分の利益を最大限に導くよう思う存分追求してもよいとされる状況のなかで、社会構成員の結びうる関係は、どんな形で表象されるべきなのか。課されているのはこうした問題であり、これに対して答えることができるのは、ただ市場原理による自動調整プロセスという考えだけである。

たしかに、私たちの分析は今、純粋な観念の論理が支配する領域に足を踏み入れている。だが、この領域を軽視するのは間違っていよう。観念というものは人びとの期待や行動に強く影響するのだから。自動調整プロセスの論理は、市場の観念と同じくらいには古いものではないか、とさらに反論される向きもあろう。それなのになぜ新たに生じてきた効果をそれに帰するのか、と。それは、自動調整プロセスもまた、これまでもっていなかった機能を果たすようになっているからである。すなわち、現在直面している前代未聞の状況に応じた、納得のいく自己イメージを抱きたいと人びとは思っており、そこでこの要望に答えてくれる自動調整プロセスの論理が、かつてないほどしっかりと根を下ろしているからである。

ごく普通の社会構成員をとりまく状況にまで組み込まれたおかげで、旧来の市場観念とその自動調整プロセスは、潜在的にはおそらくずっとそうでありながら、これまで決して実現されることのなかった、現在のような姿になった。すなわち、経済の範疇をはるかに超えて、社会生活のあらゆる領域におけるあらゆる動向に対して、ひとつのモデルとなったのである。このような広義の市場概念の定着〔訳註7〕は、知的現象といったものをはるかに越えた事態を反映している。(2) 私たちが今目撃しつつあるのは、市場モデルの真の内面化である――今後測りしれない影響を人間に与えるであろうこの出来事は、まだその存在を知られ始めたばかりである。性の市場から政治の市場に至るまで、無意識のうちに取り入れられてきた市場モデルは、すでにこれまで人間の行動の少なからぬ部分に影響を及ぼしてきたが、今やそれがさらに深部で作用している。市場概念は個々人の内面にまで達し、その構成までモデル・チェンジしようとしているのだ。公人（厳密に言えば公僕、公的空間での言動を義務づけられた人間）を規定してきた「利害を離れて無私たれ」という義務から、「各人が自分自身の利益のために競争せよ」という暗黙の指令へ、この一歩はあまりに大きく、その帰結は明らかに重いものとなるだろう。

先に私は現状を「市民社会に対する政治の規制緩和〔訳註8〕」と呼ぶことを提案したが、この現状に由来するさまざまな現象の、その後の展開について、さらに分析を進めることもできるだろう。事態はおおよそ同じ方向に進むはずである。人びとの結びつきがほどけ、自己調整の理念のもとに、さまざまなレベルで、共存のあり方が再編成される。

たとえば、まさにこの系列に位置づけられねばならない現象として、裁判による法的調整の領域が拡大を続け、政治による意思決定の領域が侵食されている、ということが挙げられる。この現象は、法体系の領域で言えば、立法機関が法改正によってある社会問題全体に介入することよりも、司法機関が仲裁者として個々の事例に介入する役割のほうを重視するという方向転換に対応している。この現象を突き動かしているのは、ある種の反政治的なユートピア願望であって、これは、人間集団に全体的な改革を施すことで個人間の係争を解決しようとする、従来の姿勢を楽々と押しのけて登場してきた、個人間の係争を直接解決しようとする姿勢にほかならない。事例判断を積み上げる判例が、上から制定され万人に適用される規則に対してますます優勢になる傾向があるというのも、同じ流れである。

こういった傾向を生み出す潜在的なモデルとなったのは、集団がみずから規範を作り上げていくプロセスであるが、それが実際に作用しているのは、裁判官にして代表者であるような個人においてであり、しかも彼は、係争の当事者たちを前に、それぞれの事例に個別的に応じる必要に迫られつつも、なんとかその職務を果たそうとするのである。このモデルに十全な表現を与えたのは、オーディオヴィジュアルから証券取引にいたるまで、ある特定の活動領域を調整する任にあたる機関が、それぞれ別個に設立されるという事態である。法〔訳註9〕=権利は常に二面を備えていて、時代によって光の当てられ方が変わるものだ。光と闇の配分も変わる。かつて、法はとりわけ国家権力の顕現と見られていた。今日では、権利は自己充足を願う市民社会の道具と見られはじめている。

第五章　アイデンティティの時代

新たなアイデンティティ像

これまで市民社会の変容、その構成様態や力学の変化について述べてきた。信仰の本性や位置づけ、その私的な様態および公的な地位の変容といった問題も、こうした枠組みのなかで理解しなければならない。これら二つの観点が合流し一語に圧縮されて、民主主義の新たなイディオムを代表するキーワードの一つになった。つまり信仰、諸々の信念の問題は、アイデンティティの問題に形を変えたのだ。このことが意味するのは、信念を内側から生きる生き方、外に向かって自分の信念を主張する仕方がともに変化してきているということである。

行為主体としての個人の条件は、外側からだけでなく、内側からも変化している。個人はその権利や利害について社会的に再定義されつつあるが、それと同時に、自分自身との関係も本質的に変化しつつある。自分は何によって構成されているかに関する理解のあり方は、すっかり位置を変えつつある。この現象の意味はとてつもなく大きい。十八世紀以来、市民像と結びつけられてきた主体性の観念が、そっくり問い直されているのだ。自己であるとはどういうことか。かつて人びとが個人のアイデンティティの原理と見なしていたものと、今日私たちが「アイデンティティ」の旗印のもとに見ているものは、まるで正反対である。

かつては、自己であるために、あるいはむしろ自己になるために、個人差にすぎないものから抜け出し、普遍的なものと一体になる必要があった。市民としての務めについて言えば、公的な事柄に参与し、その普遍性にあずかるという形で市民権を行使するという理想のモデルがあった。また、個人の領域で言えば、人が自律して生きる能力を有していることを示す、もうひとつの模範的表現として、道徳上の選択があった。いつでもどこでも誰にでも通用する規則にのっとって行動することが、個人のレベルでも道徳的に奨励されたのである。真の自我とは、個人的な特徴を付与する帰属の論理に抗し、自己をある場所やある環境に押し込めようとする偶然的な要素に抗して、勝ち取られるものだと思われていた。直接的な自己からいったん離れ、一般性や普遍性に適う観点へと自分を高めていくことで、主体の基盤を構成する外在的な諸規定が相対化され、これらの規定から自由になることで、私は真の自分になるとされていた。自分を規定するものから自分を解放することによって、人間は個人性も主体性も人間性も、みな内側から獲得すると見なされていた(1)。

新たな「アイデンティティ」は、このようなアイデンティティ像の対極にある。全体の観点と一体化すべしという要請が消え、それとともに自己から離れるための政治的な支えも消失する。もはや市民であるために、「自分自身であること」は必要とされない。「自分自身であること」の意味が変わってしまったのだ。現在、個々人は、自分を条件づけている天与のものと、新たな関係に入ろうとしている。所属する共同体であれ、根ざしている伝統であれ、あるいは性別や性的傾向であれ、個々人が命とともに天から授かったものとの親密な関係が、刷新されたのである。

しかし、この刷新された親密な関係は、純粋に彼らが自分のなかや自分たちの間だけで織りあげるものではない。他者との関係上要請されることや、公共空間との関係が規定し直されればそこに取り込まれる際に新たに必要とされることなどを、考慮しなければならない。要するに、変化は個人の内側、個々人の間（関係的）、そして市民のレベルで起こっている。この三つの場面をひとまとまりのものとして把握することが、必要不可欠である。

力点の移動を一言でまとめよう。現在では、外から与えられているものと内的に出会うことが重要なのだ。帰属や生来的なものでさえ、主体化されてはじめて、個人のアイデンティティを構成する要素になる。真の自我は、主体が社会的な客体性を主体的に自分のものにすることによって生じる。私の信じるものが私であり、私の出自が私である――最も真正な私の自我とは、私がバスク人として、ユダヤ人として、あるいは労働者として感じている私である。そんな風に自分を規定する諸々の特徴のなかに自分を認めねばならないのは、人からその点に自分らしさを認めてもらうためである。これらの特徴によって、他者との関係に入ることが可能になり、彼らは私が何者であるか〔私のアイデンティティ〕を理解し、私も彼らに対して自分を位置づける視座を得る——以前は対話をするためには除けておくべきとされていた個人的な特徴が、今やその上に立って意見交換が行なわれる議論の土俵となったのである。

それればかりではない。主観的、間主観的に内側から生きられるこうした差異によって、個々人は公共空間に入り、そこに位置を占めることもできるようになった。現に公共空間は、もはや普遍的な目的を振りかざして抽象度の高い要求を押し付けてはこないし、特権的な神殿とも見なされていない。公共空間は今や、原理的には、私的な特徴を公にすることだけで成り立っている。公共空間で重要視されるためには、価値ありと認められる個性をもたねばならないのである。

ここで言う個人的特徴とは、かつて見られた共同体への帰属意識や、伝統に従属していた昔の態度とはなんら関係がない。たしかに、かつて集団の領域は、個人にはるかに先立ち、はるかに優位にあるものとされ、個人は集団に包摂されてはじめて、個人としての面目を得た。ただ、個人はそのおかげで、自分の意志で自分の運命を決定せずともよかった。さらに突っ込んで言えば、自分を今の自分たらしめているものとの関係において、自分を特異なこの「私」として位置づけずともよかった。集団に包摂されるということは、根本的に非人称的になることだった。そこではただ、祖先から学んだことを反復していればよかった。あたかも父祖伝来の慣習の方が私たちを通過していくかのように、自分たちの考えをいささかも紛れ込ませず、そのまま保持してきただけに、よりいっそう慣習には忠実であった。本当に慣れ親しまれ、丸ごと受け入れられ、生きられてきた秩序は、そのなかに生き、その秩序を遵守してきた人びとのアイデンティティという視点からすれば、没主体的な秩序であった。

だが現在の事態は、正反対である。習慣と化した集団の特徴を自分のものにすることが、個人を個人たらしめ方向性を決定づけるベクトルになっている。帰属は、個人がそのようなものとして引き受けるからこそ主体化を促すものとなるし、逆に主体化を生ぜしめるものであるために、帰属が大切に取り扱われるのである。

ここから緊張や不安定性が生じてくることは、即座にわかる。アイデンティティが織りなす新たな社会空間と、個人の差異に基づくその組織化は、矛盾に貫かれている。集団の特徴がもつ客観性と個人の愛着がもつ主体性は、互いに対立しつつも、支えあっている。帰属の仕方は、多種多様である――同性愛者として自己規定するのか、〔文化的独自性を主張するフランス・ブルターニュ地方の〕ブルトン人としてか、あるいはプロテスタント信者としてか。これらの自己規定は同じ質のものではない。帰属は、個々人が選択し優先順位をつけることによって、はじめて現実のものとなるが、選択はけっして一回限りのものではありえないし、優先順位もいつでも変わりうる――自分はまずプロテスタントであり、ついでブルトン人であり、その次に同性愛者であると言うことができ、しかもそれぞれの段階で、他のアイデンティティを完全に断念しなくともよい。

いずれにせよ、このように帰属を選んだからといって、けっしてそのために強制されたり、まるごと染め上げられたりすることはない。選択的帰属はむしろ本質的に、多元主義の空間に書き込まれている。今日実践されているアイデンティティをめぐる帰属問題は、たとえば女性のアイデンティティの場合がそうであるように、実際にはマジョリティに関わる場合であっても、マイノリティに対する扱いを想定する原理原則に深く結びついている。このような帰属は、グローバルな社会から分離するための道具であり、帰属が強制される広大な領域の内部に、社会的帰属が力強く個人的に生きられる領域を創り出す手段である。この点で、アイデンティティの帰属問題は、少なくとも我々のところでは、民主主義が洗練されたために生まれた問題であり、場合によっては古い素材がリサイクルされるが、昔の姿がそのまま甦るわけではない(2)。つまり、共同体がさまざまな形で復活しつつあると恐怖を煽る前に、共同体を活気づけ、ときに伝統主義的な傾向で内側から蝕んでもいるのは、主体主義的な要因であるという点に注意することが必要なのだ。

寛容から多元主義へ

信仰を基にした共同体は、個人とその帰属の関係の面でも、公共空間における帰属の運命の面でも、これまで述べてきた地殻変動を非常によく表わしている。信仰とは、自由に選べるものだった。歴史的にすでにそうなっていたし、ますますその傾向が進んでいた。というのも、共同体的・伝統的で旧態依然とした宗教性に対して、個人の正当性が主張されていたし、また不信仰や反宗教が進展して、信じなくともよい可能性が具体化されていたのだから。

ところで、次のような逆説的な事態がここから生じている。すなわち、信仰は知らないあいだに近代の個人主義的な価値観に染まったが、現代では、信仰が融通の利かない帝国主義的なものになる傾向がある。信仰と言えば「父祖の信仰」であった時代、皆と同じものを信じていた時代以上に、頑固で拡張的となっている。[3] 実際、今日のように、信仰が習慣的なものではなくなり、否応なく個人の選択となってしまった状況で、なお信仰が意味を持つとすれば、普遍的なものに取り囲まれるなかで、この信仰こそが唯一絶対の真理なのだと押し付けることができる場合に限られる。ここでは、信者は自分の信仰対象に対して外在的である（まさにこの外在性ゆえ、入信することになる）。同時に、他の人びともその信仰に参加させ、さらには世界を従えようという、布教のための戦闘的な大望が想定されている。極端な言い方をしたかもしれないが、信仰を位置づけるための論理は歪曲していないはずだし、あえてこう述べたのは、方向転換の大きさを際立たせるためである。

多元主義もこの方向転換に巻き込まれ、その精神が大きく転換している様子が垣間見えている。これが二十世紀の精神革命だったのだ。信仰のみならず、信念の領域全般にかかわる革命だった。ここで私が多元主義と言っているのは、たんに、自分と同じような物の考え方をしない人びとが実際に存在することを感受する態度のことではない。信者が、自分とは異なる信仰のなかにも正当なものがある事実を認め、それを自分の信仰のなかに積極的に取り入れる態度のことである。

もっとはっきり言ってしまえば、社会の事実や規則としての多元主義と、信者の頭のなかの多元主義とは違うのだ。極端な例を挙げれば、アメリカでは諸教派が並存する多元主義が第一原理となっているが、各々の教派の内部で特別に厳格な信仰形態があっても、それと長いあいだうまくやることができた。他人の自由は認めるが、自分の信念を貫くに当たっては、他の信念も実は可能なのだという考えは除かれている。ここには、政治的原理としての寛容と、知的原理としての多元主義との違いが、はっきり見て取れる。信仰を内面において相対化するという現象は、今の時代に特徴的なもので、民主主義の精神が、信仰を持つ人びとの心のなかにまで浸透した結果である。信念が宗教的アイデンティティへと変容するのは、その極みにおいてである。

この到達点にあっては、さらに一歩が踏み出されている。というのも、「多元主義」においては、違った選択肢が他にもあると考慮するために脱中心化を余儀なくされるが、それにもかかわらず、普遍的なものから何を選んで信じるかは、変わらぬ問題であり続けるからである。その信仰が、啓示という超自然の賜物に由来するものであろうと、理性に基づくものであろうと、とにかくその信仰対象に内在すると認められる価値を、人は選んでいる。人はそのように信仰することで、自分のなかにあるより普遍的なものを主観的に動員するが、依然として重要なのは、そのような信仰を客観的に見た場合に、それが普遍的な射程を有しているかどうかである。あえて言ってしまえば、相対化は相対的なものにとどまる。ただ、信仰がアイデンティティの問題として現われる場合には、相対化はラディカルなものになる。普遍性を主張することなど、はじめから考えられていない。

重要なのは、ある環境が客観的に存在すること、ある継承すべき遺産が存在すること、他の伝統のなかである伝統が存在することである――ここで、普遍的なものが退却するのに応じて、歴史と記憶の次元が決定的に重要になる。そのなかに自分を主観的に見出すことのできる伝統、自分のものにできる文化的遺産が重要になる[4]。よって伝統の活用には、これまでにはなかったような、選択行為がある（これが伝統社会のあり方とは対極的な点である）。だが、実のところ、選択する自分は、選択の対象でもある。選択において重要なのは、自分が奉じるメッセージの真偽ではなく、自分がそのメッセージを受け取ることによって、自分を主観的に定義できるかどうかにある。伝統は、まずそれが私のものである限りで価値を持ち、私の独自なアイデンティティを形成してくれる限りにおいて価値を持つ[5]。

宗教がアイデンティティ問題に引きつけられて再定義されることのうちに、どれほど「世俗化」の問題が内包されているか、強調する必要があるだろうか。宗教は、現代社会で「多文化主義」を合唱する一員に加えられるべく、諸々の「文化」と横並びにされている。外見に騙されないよう、幾重にも注意が必要である。家系や血統、帰属や共同体といった側面があらためて強調されているから、性質上それらの正当性は、偏狭で煩瑣な印象を与える。儀式を遵守することに注意を払い、慣習に再び陽の目を見させることにこだわり、集団の内側と外側、「我々」と「彼ら」を切り分けて、こちら側に有利な論点ばかりを並べ立てる態度を見れば、昔日のセクトの硬直性と閉鎖性を、時には思わずにいられない。

だが、まさにそうした見かけが罠になっている。外面的な形式や生活様態が強調されるのは、信仰に固有の超越性をもたらす核心部分が衰弱していることと、相関しているからだ。個人の積極的な活動は、ないどころか、非常に盛んである――私たちの眼前の現象は、気の抜けた形式主義ではない。ただ、個人の宗教への関与には、彼岸を優先する方向性はない。その主要な原動力は、此岸で自己のアイデンティティを確認することである。

かつての狂信的信仰の亡霊は、完全に追い払われている。よく見てほしいのだが、結局のところ、共同体内におけるアイデンティティの確認がこう活発に行なわれているのも、暗黙のうちに他にも共同体があることを認めているからなのだ。自分の共同体が自分のものとなるのは、それが他の共同体とともにある、ひとつの共同体以上のものではないと認める度合いに応じている。信仰の問題はアイデンティティの問題に変容したが、これは多元主義の代償である。多元主義が極限まで推し進められ、普遍主義的で拡張的な野望は意味を失い、もはやいかなる強制的な布教活動も不可能となっている。現代社会のアイデンティティの潮流が、奇妙にも、頑固さと柔弱さを同時に具えている点は、これで説明がつく。

アイデンティティは妥協しないが、侵略的にもなりきれない。信仰は論証や議論の対象となるが、アイデンティティは議論で相手を説得しようとはしない代わりに、反論も受け入れない。アイデンティティは、幅をきかせようとして内側から突き動かされているのではない。ただし、外に対して妥協することはなく、承認をめぐって闘争する。(6)

承認のポリティクス

ここでは、現在の現象を表わすもうひとつの大きな側面として、現象の公的な側面を扱うことにしよう。ここでも、あまりに結論を急ぐと、現象を「共同体の引きこもり」と取り違えてしまうので、注意が必要である。先に見たように、信仰の共同体は、ひたすら自分自身に閉じこもるようにはできていない。共同体内部で活動することと、共同体を公的な領域に組み込もうとすることは、表裏一体である。共同体は独自のアイデンティティを得ようとして、分離独立の動きを見せるが、実はこれは、包括的な共同体たる社会において、正当な構成要素をなしているとの承認を求める意志と不可分である。

もう一度確認しておくが、共同体の組織化の論理は、ラディカルな多元主義に依拠している。個性的な存在としての自分は、より大きな全体の一要素にすぎず、全体のもつ多様性はけっして自分に引きつけきれないと、誰もが認めている。社会が多様なものだからこそ、個人はそのなかで自分の独自性を主張したくなるが、それと同時に、自分は全体の重要な一部であることを、はっきり公の場で認められたいと願っている。両方の思いがなければ、うまく機能しない。私的なアイデンティティの確認は、それを裏打ちしてくれる公的な領域への参画とのかかわりにおいてしか意味を持たない。旧来の規則では、公共空間に入るには私人としての個性をすべて脱ぎ捨てることが望ましいとされていたが、それとは逆に現在では、私的なアイデンティティを打ち出すことによって、公共空間で重きをなそうとしているという新しさがある。

この論理は、アイデンティティ一般に当てはまるが、宗教に関わるアイデンティティに一番よく見て取れる。宗教には、保存したり再発見したりする特殊な役割があるためである。先に見たように、宗教は一方で「アイデンティティの確立」という現象を通じて、その外観だけが抜き出され、「文化」に薄められるきらいがあるが、他方では、民主主義の政治が根底から変化しているために、宗教が新たな威厳と有用性をあらためて獲得する傾向もある。この傾向は、公共領域にとって、必要なことでさえある。公共領域は、一般的な意味体系として、もしくはさまざまな目的にかんする意見の集合体として機能するものだが、これまた先に述べたように、もはや政治は、これを自分自身の力で生み出すことはできない。生み出すことはできなくても、必要であることには変わりない。だとすれば、政治はそれを、自分自身の外に探し求めるよりほかないだろう。

人間集団には、選択可能な目標や理由を抱く必要があって、政治権力は、もはや自分自身が政治に意味を与える価値を具現しているなどとは主張できないにしても、その行動に意味を与えてくれる価値を基準にして、自己を正当化しなければならない。今日、民主主義の政治指導者は、複雑きわまりないアクロバットを切り抜けるよう運命づけられている。彼らは、どんなものであれ、道徳的あるいは精神的権威として味方になってくれるものを、市民社会のただなかに探しにいかなければならず、その上で目をかけてそうした権威を育て上げ、選挙のときに利用できる相手としなければならない。しかも、そのような権威に対して厳密に中立を保たねばならず、さらに政治的権威との違いもはっきりさせておかなければならない。

政治は、自分自身の正当性を追い求めるうちに、広い意味では、宗教を正当化するに至る。政治が宗教に梃子入れしたり範を仰いだりすることはできないが、政治が企てることの究極の尺度としての宗教は、最終的に認めることになるからだ。換言すれば、公的権力は必然的に、承認を求めるアイデンティティを承認するよう、定められている。承認のポリティクスが目指すのは、さまざまな利害関心がぶつかりあう状況の安定化である。(7) そして、少なくともフランスの文脈では、政治と宗教という二つの勢力の関係をめぐって、さまざまな争いが歴史的に繰り広げられてきた経緯に照らして、承認のポリティクスが最も華々しく演じられるのは、宗教という舞台においてである。

国家が「民営化」〔私事化〕しているのに対し、市民社会は「公共化」していると言ってもよいかもしれない。だが、こう表現することで、何か境界がぼやけたり、公私の区別が次第に消えたりするような印象を与えてしまうとしたら、それは誤りである。市民社会も国家も、相手に身を開き、相手に自分を投影するが、だからといって二つの領域の差異は相対化されない。この双方向的な動きは、両者のあいだに織り成される表象の関係を規定しているにすぎない。

個人のアイデンティティや信仰の共同体が、公の場で承認されたいと願うのは、そのあるがままの姿においてであり、またその姿ゆえにである。内的な自己対話や共同体の仲間意識など、現在規定されている私的領域から抜け出して、社会全体の責務を負うべく政党になろうなどとは考えていない。自分の主観的な個性をあるがままの姿で公共領域に響かせ、重要な声としてはっきりと認められることが問題なのである。自分が持っている特徴の価値をいかに認めさせるかが思案のしどころであって、その他のことは考えられていない。

このような態度は、社会の公の場で物を言うときの内容にもはっきりと現われてくる。重要なのは、特別な権利の要求を政治の言葉に翻訳し、政治プログラムの論理に組み入れることではなく、わざと政治的ではない言語を用いて、倫理的な要求や精神的な呼びかけに助けを求めるようにして、政治に働きかけることである。その結果、公的な行動は、このような目的を追求すべきだとか、このような価値に導かれるべきだといった言論に、どんどん向き合うことを余儀なくされている。この道徳的な圧力の背後に見てとるべきは、私的な信念が私的なままに、新しく正当性を獲得していることである。(8)

同じように、逆方向の動きにおいて注目すべきは、公人がこの私的なものの公共化を奨励し、市民社会から発せられるさまざまな理念に感じ入っているかのように装い、相手の言葉を自発的に取り入れるからといって、それはけっして市民社会の言説をそのまま取り入れて、自分の政策として焼き直すためではないし、権力の座に就けるためでもない。事態はかなり微妙である。政治指導者は、市民社会の意見と一線を画しつつ、それを正当化する。公人が市民社会の声に耳を傾けなければならないのは、国家が目的とすべき理念を自分自身では設定することが（ましてや国家の辿り着くべき目標としての理念を要求することなど）できないからである。国家は市民社会の道具にすぎず、市民社会の方が究極目標を唱え、それに応じて公的行動が展開されるようになっている。

他方、市民社会の代表者たちが、ひとたび権力の座に就くや、市民社会から発せられる多元的な言説をそのまま素朴に背負い込むことなどはありえない。言説が多様なものだけに究極理念もいろいろと提示されるし、それに権力の機能は、さまざまな理念が共存できるように、ある特定の理念が他を押しのけて力を持ったりしないよう目を光らせる点にある。こうした理由だけに照らしてみても、明らかにそのようなことはありえない。

権力の保持者たちにとって、雑多なアイデンティティやさまざまな信仰を多様性のままに承認することは、政治の位置をはっきりさせるための、効率的で確実な手段である。正当と認められる多様性が増せば増すほど、誰もが、政治指導者は別の場所で別のことをしなければならないと思うようになる。その場所とは、まさに雑多な要素からなり調和を欠いた市民社会の全体像が映し出されるとともに、共生を可能にする原理が見出されるべき場所である。

したがって今後、政治指導者が自分の役割を理解しているのなら、政治家の美徳として、最大限の寛容ほど確かなものはない。多様性の衆愚政治には、輝かしい未来がある。政治指導者は、堂々と威厳をもって市民社会に対して開かれた態度を取れば、かえって距離を示すことができる。それに、政治には、崇高な究極理念を現実に引き写す際に用いる手段として、容赦のない散文的な計算がつきものだが、政治家はこうした自分たちの仕事についてまわる特殊な事情について、あまり語らなくてもよくなる。

彼らの名誉のために言っておかねばならないが、政治指導者は、ますます政治の話を聞きたがらなくなっている社会を相手にしている。社会を見渡せば、個人や集団はアイデンティティを与えてくれる至上の価値や意味自体の虜になっており、それを具体的に実現するための方法や経路に対する関心はずっと少ない。政治の要請は現実的で、狡知によってしか実現されえない。そのような狡知の典型は、完全な従属を理想とする考えに対して、これ見よがしに敬意を払ってみせることである。

ただし、こうした考えを認めることは、それを越える何かが存在することを相手に認めさせることでもある。したがって、さまざまな信仰を承認することによって、公的領域と私的領域の違いがなくなるどころか、かえって政治秩序は慎ましやかながらも堅固な超越性を獲得する。公共空間の内部で、私的な信念が徐々に地位を固めている様子が見られるが、政治領域の超越性は、まさにそれを承認することで維持される。

第六章　信じることの革命

民主主義に取り込まれた宗教

現代社会の変動を貫いている論理を根本から理解したければ、そこでの新しさとは何かという点に、倦むことなく立ち返らなければならない。かつて政治の舞台には、今日のような密やかな超越性ではなく、輝かんばかりの、命令的な、有無を言わせぬ超越性が与えられていたが、現在では、それを可能にしていた争点が消えてしまった。民主主義が、聖なるものとの対決によって育まれ、それに感染して一種の聖性を獲得し、俗なるものを超えて高められたことは疑いない。民主主義は、「人間をマイノリティ状態から脱出させること」を目標とし、熱心で真面目な人びとに支えられて、天命や任務、無条件的な献身の対象を作り出していた。民主主義は、自律の獲得を目指し、人間の条件すべてを包含し、すべての必要を満たすことができるような、包括的な計画を立てていた。戦いの熱気のなかで、なんと偉大な大義だったことか！　その大義が、勝利の翌日には忘れ去られ、味気ないものになってしまうとは！　人間が形而上学的に解放された現在、政治は何と冴えないものになっていることか！

民主主義の容貌が変わったのは、まさに啓蒙主義が勝利を収めたからである。そのために、戦闘的な啓蒙主義が虚脱状態に陥ってしまったのだ。これによって、宗教が公共空間へと招き入れられ、その過程で宗教の形が変わった。これによって、市民社会と政治社会の表象関係もすっかり変容した。市民社会は、その構成様態に至るまで、アイデンティティの原理によって再定義されており、政治社会は、自己を正当化する際にすら、共存の原理によって再定義されている。

かつて政治は、他律性に対して代替物として振る舞う大望を抱いていたが、もはや今日、その大望に見合った包括性を有しているなどと、自惚《うぬぼ》れることはできない。政治にはもはや、存在の意味とは何かという問いに対する集団レベルでの答えとして、自らを示すことはできない。なぜ人間は存在するのかという問いに、集団が答えてくれることは、この先ないだろう。ありうるのは個々人の答えだけである。私人という考え方や、自分自身に対する責任といった考えが根本から復権しているのは、そのためである――十八世紀後半以来、私的に生きるとは、人間としてあることの最も高貴な部分を剝奪〔訳註1〕されることであった。今日、私的に生きることは、現代社会の一般的な、というよりむしろ「形而上学的」な諸条件によって、実存的な意味を司るものとして、再びその正当性を獲得し、自己目的化している。公的なものが空洞化し、今後は政治が（人間自身によって人間を把握する過程として）自分自身のうちに崇高な目的を表象することができないからこそ、本来ならば市民社会を拠点とし、そこで究極目的を手に入れ最終目標を規定するはずのシステムがみな、公的な様態に鋳直されて、再動員を繰り広げている。公的生活は、自分自身で目的を設定できないとしても、さまざまな目的の追求がその全体を規定するような領域であり続けることには変わりない。そこで、承認のポリティクスが、その精巧なメカニズムでもって、厄介な問題を解決すべく努力する。

一方で、公権力はこれまでにないほどの中立性＝中性性を余儀なくされている。公権力の定義からして、それが何であれ至高善の観念のようなものを体現することは、ありえないからである。他方で、公権力には目標を参照することが必要であって、それらは外から来るほかなく、境界線の外にとどまるほかないものであるが、公権力に生気を与えそれを維持する程度には、十分に公的領域に統合されている必要がある。公権力は、そのような目標から切り離されるわけにもいかないが、かといって一体となるわけにもいかない。承認とは、まさに馴れ合いとけじめの均衡点である。

このように、私的な信念が公共空間に上ってきて究極目的が形成されるが、本章ではここまでそれを描写するために、意識的に「宗教」という言葉を用いてこなかった。宗教が、道徳や哲学など、他の叡智と横並びにされて用いられている点を際立たせたかったからである。時代の変化のなかで、宗教がどのように変化しているかを理解したければ、宗教という言葉の用法を、重要な要因として考慮に入れなければならない。というのも、私的な信念を再び正当化する動きそのものによって、正当性を享受しようとする私的な信念は、けっして以前と同じ状態にはとどまらないからである。私的な信念は、動員され推奨されることによって、否応なく形が変わる。

宗教が民主主義の内部に取り込まれることで、大部分はそれと目立たないものではあるが、甚大な影響を蒙ったのは、そう昔のことではない。おそらく、神について、それから神と人間の関係について、あらゆる可能な考察を行なう基礎神学〔訳註2〕の面での影響が特に大きかった。この過程で民主主義は、宗教を自分のものにした。宗教には人間の運命について包括的な理解を提示する力があるが、民主主義は宗教のこの面を利用することで、さらに前へと進んだ。民主主義は宗教に威厳を与え、それを際立たせる。民主主義は、宗教をアイデンティティに関わるものとして文化に還元せず、その意味で宗教を社会的に救い出している。宗教は、単なる文化が有する伝統や慣習・儀礼を超えて、本質的なメッセージを伝えることができるからで、民主主義はこの点に注目している。さらに民主主義は、宗教には精神的な広がりや奥行きがあることを公の場で理解させるなど、宗教を根底から活気づけている。

だが、このようなことをするのも、他方では、宗教が意味を提供する機能を果たしているという認識を、いくつもの面で根本的に相対化するためである。民主主義は、意味提供の機能には宗教的な次元があることを十全に認めつつ、結果的にそれを世俗的なものだけでできている地平へと連れ出している。これは承認の逆説的な効果である。

このように、民主主義は宗教を取り込み、威厳を与え返した。これによって第一に、すでに見たとおり、諸宗教は完全に俗なる他の思想と横並びになる。ここで問題となっているのは、有神論でも無神論でもなく、超越でも内在でもなく、現世志向でも来世志向でもなく、個人や集団が行なう選択に究極的な根拠を与えてくれるような、世界と人間に関する全体的な観念を提供する能力である。この点さえおさえておけば、つまり何らかの形而上学がありさえすれば——もちろんある程度の制限はあるが——、それが宇宙における人間の孤独に絶望したマテリアリストの唱えるものであろうと、品のいいヒューマニストの唱えるものであろうと、はたまた卓越した神の創造を信じるスピリチュアリストの唱えるものであろうと、別にかまわない。

第二に、これらの形而上学的な世界観と、民主主義政治の見方とはどのように両立可能かという、もうひとつの基準が必然的に介入してくる。この両立可能性いかんによって、それがロールズ言うところの「穏当な包括的教説〔訳註3〕」に適うかどうかが決まってくる。「宗教」という呼び方を避けて別の呼び方がされているが、興味深いことに、実際に「包括的教説」において問題となるのは、宗教的教説だと言ってよい。

だが、ここで問題なのは、「包括性」を説く教説の具体的内容ではなく、その教説の形式上の特徴である——諸宗教は、その最も普及したモデルないし見本であるが、包括的な教説を独占していたわけではない。政治は、宗教の他律性に対して自律のプロジェクトを提出し確定していた時代には常に、包括的な説明の力を自分なりの仕方で保持していると見られてきたし、あるいは少なくとも効果的にその代わりを務めていると思われてきた。政治は、宗教という敵対者が衰弱し、見えるものを見えないものに従属させることで信仰の形を作り上げていく能力が、宗教から失われていくとともに、この説明の力を失ってしまった。まさにこの消失によって、政治からは包括的な射程が除かれるが、逆に宗教的言説には、そのぶん新たな機能が与えられる。そのとき宗教的言説は、もはや宗教的なものとしてではなく、包括的なものとして立ち現われてくる。

宗教的意識のコペルニクス的転回

このように、包括機能は政治に見切りをつけて、宗教その他へと立ち戻ったが、教会へと回帰したわけではなく、個人へとやってきた。つまり、正当性を担う者が変化したのであって、この結果は、宗教の社会的位置づけにとっても、個人の条件にとっても重大である。この最後の点にかんする方向転換には、目を瞠るものがある。およそ一世紀もの間、ニーチェのアナーキズム以来と言ってよいだろうが、偶像一般の破壊と、とりわけ道徳の破壊は、個人を解放する王道であった。

ところが唐突に、道徳がふたたび、個人の自己構築にとって中心的となる状況が訪れた。道徳とは言っても、犠牲を求める教説とか義務に基づいた体系としての道徳ではなく、個人が自分の条件や使命といった究極的関心にかんがみたとき、どのような動機に基づいて自分の行動を導いているのかに、自分で気づく力としての道徳である。今後、個人は自分を築きあげるのに、長い時間をかけて、ある参照体系を練り上げ、それによって、可能な限り包括的に、可能な限り広く深く包含できるようになる必要がある。このような枠組みにおいて、宗教の寄与がごく自然に必要とされている。

だが、宗教のこのような再利用のうちに、ラディカルな個別化を見て取らなければならない。個別化されるのだから、性質上、いかなる伝統的な正統の権威も力づけられたりはしない。さまざまな精神的指導者や道徳的権威が、ふたたび舞台の前面に連れ出されているが、この動き自体によって、彼らは他方でこれまでにないほど、彼らに従おうとしない人びとの容赦ない判定に身を任せている。彼らの言うことに喜んで耳を傾けること、さらには彼らの語ることが多くの人びとに聴かれるよう望むことと、彼らにつき従うことはまったく別である。従うまいという意志が根本にあるから、このようなことになるのではない。信念や信仰の装置が、このような結果を望んでいる——もしそれらの概念がまだ有効ならば、の話だが。

正当性は、意味の供給から意味の需要へと方向転換した。ここに含意されている密やかな革命の規模を、宗教の本質という観点から測定してみよう。かつて宗教について語る者はいつでも、人間に先立って意味を形成するものがあるとして、過去から受け継がれ、また高みからやってくる権威それ自体について語っていた。したがって、贈与について——三つの一神教の場合、贈与とは啓示であると同時に伝統である——語っていたのであり、また、聖典、聖書、神の言葉など、重要な贈与を伝えてくれるものに対して、何をおいても服従することを説いていた。ここで価値があるのは、目の前に供給されているものであり、供給の方が、いかなる探究にも懇請にも先立っている。

ところが今日、人びとの意識が宗教の方へと向かう場合、探求や懇請は、逆に当然の需要として正当化されている。あらかじめ定められた意味のようなものがあって、それに従ったり、そのために自分を曲げたりすべきだとは、まったく思われていない。だが、個人としては、自分を個として確立するために、世界の神秘や自分の実存を正当化してくれるものを問わねばならない。今や宗教的な行動の核心をなすのは、探究であって受容ではなく、自分のものにする動きであって無条件の自己犠牲ではない。信仰が模範的であるか否かは、その信念が堅固かどうかよりも、不安が正真正銘のものであるかどうかにあり、既存の宗教もその例に漏れない。

意味の需要は、自分のことに無自覚ではないし、それに個人的な性格を要求している。したがって、そこから出発して、内実を備えた真実に至る野望が抱かれることはありえない。目指されているのは、真ではなく意味であって、完全な正確さを期して言うなら、問題なのは、真が客観的かどうかではなく、ある主体性にとっての意味が、客観的な必然性に適っているかどうかである。それに、ここで「意味《サンス》（＝方向＝感覚＝分別）」という言葉には豊かな意味が込められていて、信仰心のある人びとが自分の信仰の主観的な限界を開いていくこと、それでもやはり主観的な限界があると認めることが、豊かに示されている。ここで問題になっているのは、もはや多元主義という事実によって外から押し付けられた相対化にとどまらず、それぞれの意識の内部で行なわれる相対化である。この相対化の動きそのものによって、個々人は、自分の内にある要請と自分の外で起こる事のなりゆきには、裂け目があると思わざるを得なくなっている。

同様の論理によって、彼岸についての考察は、最終的には此岸の要請にあわせてねじ曲げられてしまう。あちらの世界はこちらの世界のために用いられる。このような経路を通って、宗教は実際、哲学や俗なる叡智と横並びになる傾向がある。手段が異なっているとしても、宗教と、哲学や叡智の目指すものは似ている。宗教は超越という迂回路を通るが、それが正当なものだとされるのは、それによって何が内在においてもたらされるかによっている——このために迂回の原理が疑問に付されることはまったくない。迂回は絶対に必要なものだと、信者が感じるのを妨げるものは何もない。ある種の「俗世化〔訳註4〕」が見られるからといって、「神なき宗教」に向かうことになるとは限らず、むしろ正反対の方向へ進むのは、(1)このためである。二つの点は区別しておかなければならない。宗教は、神なき叡智の地へとやってきているので、この世でよき生をおくることが問題となっている。宗教が立てる目標は、神を引き合いに出さなくともよいものであって、当の宗教も、その点は暗黙のうちに認めている。言葉を換えれば、宗教は、自律という余分な次元まで自分のなかに組み込んで、人間の現世的な理念は卓越したものであり、それ自体で充足していると見なしている。

だが、宗教にはやはり、宗教にしかなしえない仕事が残されている。宗教は神に準拠しているため、神なしですます思想よりも、すぐれたよき生をもっていると主張することができる。神に依拠してよりよい生を説くことには、それなりの輝かしい未来がある。厳密に言えば、俗なる倫理と聖なる教説のかつての対立は、今や収束している。だが、競争はある。したがって、宗教が倫理の方へと向かう動きがいくら重要なものだからといって、神学的なものは倫理的なものへと解消される傾向があると、いささか性急な結論をそこから導いてしまっては勇み足だろう。

諸々の兆候を総合的に判断すると、宗教的意識のコペルニクス的転回について語ったほうが、より適切であるように思われる。この転回によって、宗教的意識は、語の普通の意味でも洗練された意味でも、自分自身に対して「批判的」になった。宗教的意識は、かつてであればそれによって破壊されてしまうはずであった批判を、自分の内に取り込んで、今ではそれを自分の生命原理としている。

かつて偉大な思想家たちは、人びとを迷妄から覚めさせようとして、宗教は人間の精神が生み出した産物にすぎず、現世的な目的のために存在しているだけなのに、その真の姿を隠蔽していると言って非難したものだが、今日宗教的意識は、まさにそうした真の姿になろうとしている。ただ、疎外からの救済を説いた哲学者たちは、このような距離が内側から取れれば、宗教的意識は消滅すると考えていたが、今日ではそれどころか、その距離によって新たな正当化が可能になっている。信仰の原動力は人間に発し、人間に帰する——だが、こう言うだけ、信じるための理由がひとつ加わるのであり、それがひょっとすると最良の理由かもしれない。

この点、宗教的意識が「批判的」になっている事情は、かなり込み入っている。かつて宗教的意識は、完全に信仰対象の客観性を信じていた。今日では、宗教的意識は、信じる主体のうちに信仰の基礎があるという考えを受け入れているし、そのため信仰対象の地位には一定の限界があることも認めている。さらに言えば、宗教的意識は、このように主体の意識を軸として修正され、作り上げられてゆくが、それは書物を通じてではなく、日々の実践のあり方にかかっている。宗教的意識は、この批判的段階に至って、宗教から脱出した世界にふさわしい安定した形態を、とうとう見出したと考えたくなるかもしれない。だが、一世紀にわたって宗教的意識が描いてきた軌跡を辿り直すなかで、それが形を変えるものであることを十分に学んできた私たちとしては、予言は慎んでおかねばなるまい。

第七章　現代民主主義の限界

前章では、信仰の諸条件に変化が生じていることを論じたが、本章では、その変化にともなって市民社会と国家の関係がどう変容しているか、という点をあらためて取り上げてみたい。ここまでさまざまな現象を検討してきたわけだが、それを超えたところで、一般的な構図をより明快に描き出すよう努めたい。実際、この作業は、市民社会と国家の関係を規定するシステムの力学を、正確に評価するのに欠かせない。まやかしを消し去り、システムに宿る真の緊張を顕わにするものである。民主主義は今日、その姿を変え、私たちのあいだに混乱と驚愕を引き起こしている。民主主義がこのように人を当惑させるに至った道のりについては、さまざまな見方があるので、以下の作業によって、それをもう少し整理した形で提示できればと思う。

代理表象の変化

私には次の点が本質的だと思われる。すなわち、公領域の「形而上学的」な優越性を保証してきた原理が消失したために、市民社会と国家の表象関係が本質的に変化しているということである。こんな風に言う人もいるだろう。代理表象の論理が解放され、行くところまで行き着いたのだ。今や市民社会と国家の関係は、完全に代理表象的なものになったのだ、と。だがもちろん、このように述べると、「代理表象《ルプレザンタシオン》」という言葉がもちうるさまざまな意味のひとつを、唯一本当のものとして密かに特権化することになってしまう——というのも、ようやく理解され始めたように、代理表象とは、同時に複数のものを意味するからである。したがって、より慎重に、こう言ったほうがいいだろう。公領域の優越性を保証してきた原理が消滅したことで、これまで見えにくかった代理表象のある一面が、余すところなく明らかになったのだ、と。この側面は、他にも古くから注目されていた面があったために、今まで陰に隠れていたのだが、実のところ、他のさまざまな側面を解明する鍵になる。そう考えるに足る理由があるのである。

いずれにせよ、公領域が優位に立つことで、代理表象機能の働きがひどく抑えられてきたことは疑いない。ある特定の役割だけをこなすよう強いられてきたのだ。むろん理論的には、国家は市民社会に奉仕する道具にすぎず、民意によってはじめてその正当性を付与されるもの、とされてはいる。ただし現実には、まさにその市民の目にも、国家への権力付託は単なる位置移動のようなもので、ほとんど何の変化もない、とは映っていない。ここには変質が生じている。集団の意思決定の、より高次の領域に入ることになるからだ。この領域は固有の論理をもつ。政体が至高の権力を自分自身に対して行使する、という目的が追求されているからである。

このような操作がなされるためには、市民が、社会の有機的な構成要素として、自分自身を超えて高まり、自分の一部を抑圧することを甘受する必要がある。代理表象とは、社会が国家へと高まりながら、その姿を変容させることである。別の言葉で言えば、政治とは、その領域で声を響かせたいと思う者に対して、おのれの法を課すものである。人間集団は、道具としての国家との差異を通じて、自分自身の構成様態を把握し、アイデンティティを確認する。その際、国家は、市民の側から権限を託されたのと同じ分だけ、規範を課す。実際、〔代議士・圧力団体・市民運動など〕代理表象者たちは、市民に対して政治領域を代理表象するのと同じくらい、政治領域において市民を代理表象している。

共和政国家は神学に反対する動きを神学の代替物とし、そこから威厳を得ていた。だが、そのような反神学が消滅し、自律の政治が雲散霧消して、プロジェクトとしての自律が、事実としての自律のうちに埋没するといった事態によって、問題の布置は完全に変わってしまった。これまで国家は、人びとの大きな願いをみずからのうちに体現することで、人びとに規範を与える力を保持してきたが、そのような力を失ってしまった。全体を俯瞰する審級ではなくなり、共同生活のあり方を高みから規定する特別な場所ではなくなってしまった。もはや市民社会に対して上位にあるわけでもなく、これまで歴史的に担ってきた牽引車としての役割もない。「代理表象的になる」ということを、「市民社会を表現する空間へと姿を変えつつある」という意味に解するなら、国家は真に代理表象的なものになったのである。

今や国家が正当なものと認められるのは、共同生活上の要請や疑問、問題点を受けて講じるなんらかの対策を保障しているからにすぎない。国家が市民社会と似かよったものとして、市民社会に生じた問題を直接解決し、市民の生の声を掬い上げるとしても、この事実に変わりはない。将来起こりうる問題のために迂回路をとるとか、全体的な視点を獲得するために特定の立場からは距離を置くといった、高みから物を見て命令するような調子を国家が身にまとうことは、もはやありえない。社会生活のさまざまな出来事や社会の構成員たちに対して、自分たちは近くにいて、注意深くその動向を見守り、いつでも開かれた態度で耳を傾ける用意があるのだ、とますます多くのサインをたえず出し続けることが、政治権力に求められている。社会の動向に寄り添い、その木霊《こだま》となって、打てば響く関係を社会と作り上げる能力を示さなければならないのだ。

国家は文字通り、市民社会との取引を生業としている。あたかも理論的には、今や市民社会が国家に与えたものだけから、もしくは民意を反映する度合いだけから、国家が構成されているかのようである。他方で、国家に自己投影する傾向は、今や市民社会全体のうちにある。もはや公的なものの普遍性にあずかるものと、私的なものの影のうちにとどまるよう定められたものとのあいだに、分割線はない。個々人の実存や団体の活動のなかで、公開の対象とならないようなものはなく、公共空間で自分なりの主張を掲げ、その検討を要求する権利をもたないものはない。

もちろん国家と市民社会の関係は、以前から表象関係であった。したがって、現在両者の関係が表象的なものになっているというのは、表象の新たに生じてきた意味においてである。これは、従来の諸々の意味を屈折させるものではあるが、けっしてそれらを除外するものではない。「委託としての代理表象」は、当然のことながら存続している。指導者の正当性は、選挙による代表制の正当性以外にない。同様に、集団の道具として役目を果たす限りで、国家に正当性を認めるという、「道具使用としての代理表象」も、理論的に有効であることは依然として変わらない。公権力の機能を民主主義の枠組みの中で理解するのに、これ以外の方法はない。

変化したのは、国家が具体的にその機能を果たすありようであり、この変化こそが、代理表象のもうひとつの位相を明るみに出す。それは、すでに用いた言葉を使えば、「屈折ないし投影としての代理表象」であり、おそらく最もイメージを喚起しやすい語を提案するなら、「反映としての代理表象」である。つまり、それを通して社会が自分の姿を映し出すような代理表象である。表象機能のこのような面は、実はすでに他の諸側面のあいだから、透かし彫りのように垣間見えてはいたものの、システムの表面的な論理によって見えないようにされていた。ところが、システムの再編成が進んだために、反映という意味が陰から引き出され、前面に押し出される。

代理表象するとはまた、そしてとりわけ、集団が自分自身の姿を見、理解するのを可能にすることでもある。多様で移ろいやすい社会の現実が、そのなかで生きる人びとの目にも見えるように舞台を提供し、集団をめぐるさまざまな表象を俎上に載せて、集団の構成様態や動向がその構成員にも読み解けるようにすることで、集団は、自分の姿をイメージや思考において捉えられるようになるのである。反映としての代理表象機能とは、鏡像的で、舞台演出的であると同時に、認知的なものでもある。国家がその台座から引き下ろされ、政治的なものと社会的なものの上下関係が崩れたことで、この代理表象の新たな側面が中心となって、事態は再編されつつある(1)。

国家と社会の優劣なき差異

この点を解明することによって、純朴なジャコバン的ノスタルジーが非常に重視している見方は錯覚であることが、明らかになってくる。国家が社会と区別しえなくなっているなどとは、ましてや、罪の意識に駆られてそうあろうと「欲している」などとは、明らかに間違いである。国家と社会の区別は、かつてないほどはっきりしている。ただ、両者の差異の形や原理が変わったのだ。かつて実体的であった差異は関係的なものになり〔訳註1〕、かつて形而上学的に社会の上位にあった国家は、現在では鏡像のように、外部から社会と向き合っている。

このように優劣のない差異が国家と社会のあいだに新たに作られ、それが両者の共存原理になっていることについては、先ほど、代理表象の意味の変容という、ある特別な側面から触れておいた。国家は、私的な信条を表明する権利よりもすぐれた権利を有しているのだと主張する可能性を失ってもなお、そうした信条がかけがえのない複数性を保ったまま共存していけるよう、保障する役割は果たしている。この役割を果たすために、国家は、私的な信条から絶対的に離れて身を持さねばならない。かつての規則にはなかったような中立性を厳格に適用し、さまざまな信条に対して等しく敬意を払うためである。

ここで強調しておきたいのは、国家と社会のあいだに、実体としてでなく関係として存在する差異より、さらに一般的な射程をもった機能的な差異である。社会は国家を道具とし、それを通じて自分自身や自分の外側にあるものの姿や形を知るに至る。国家という鏡に映し出された社会の像のほうは、社会に似ているから意味もあるので、役柄上、差し向かいにいる像がモデルに生き写しでなくては困る。国家と社会はほとんど区別がつかないほど似かよっている、という印象が生まれてくるのはそのためだが、実際には両者は分離されている――ただし、公領域のことができるかぎりそのまま私的な世界にあてはめられるような分離であり、したがって、この分離がますます深まり、効果的に機能すればするほど、この分離は見分けにくいものとなる。鏡と鏡が映し出す〔代理表象する〕ものとのあいだ、舞台演出と演出対象とのあいだに混同が生じうるのは、そのためである。公表し公開するという作業は、集団とは何かを構成員が読み解く際に必要なものであるにもかかわらず、その重要性が評価されないといったことが生じるのもそのためである。私たちが立ち会っているのは、実のところ、社会に規範を与える機関としては衰退の道を辿っている国家が、社会を代理表象する機関として完全に花開こうとしている、という事態なのである。

国家と社会の近接について錯覚してはならないのと同じように、国家の指導的な権威が希薄になりつつあるからといって、国家はその役割を終えたという印象に、無分別に身をゆだねてしまってはならない。繰り返すが、国家が方向性を改めたのを見て、消滅しようとしていると取り違えないことが大切である。

距離をとって眺めてみれば、事態の変化には目を瞠るものがある。国家は相変わらず集合的生活の連続性を保障する役割を果たしているとしても、その未来まで組織するのだという主張は手酷く叩き潰されてしまったことは、明らかである。未来の扉を開く使命を託された民衆の導き手といった、うぬぼれの強い態度はもはや通用しない。一言で言えば、国家はもはや先導するものではなく、追随するものなのである。そこから、もうどこに向かっているのかも、何の役に立っているのかもわからずに、空転を続ける巨大な装置であるかのような印象が生じてくる。このような印象は、国家が大規模な脱皮を遂げつつあるからこそ生じてきたもので、その意味では正当なものであり、おまけにこの印象は、国家が背後に残した抜け殻が大きいために、いよいよ強められている。

にもかかわらず、このような印象に人を欺く点があるとすれば、それは、先に触れた「追随主義」が国家に与えた役割がいかに重要なものであるか、社会が国家に要求していることがどれほど途方もないことであるかが、考慮に入れられていないのである。国家は追随主義になったが、それはまさに代理表象するものとしてである。「まさに」というのも、代表者は本来、委託された任務の枠のなかにとどまるべきものだからだ。とはいえ、そのような任務委託を、必ずしも社会から発して一直線に国家へ向かうものとして思い浮かべる必要はない。代表される者たちの望みは、けっして独りでに表現されることはなく、常に次のような手順を前提していた。それは、まず民意を政治的な言語に翻訳すべく努めるという政治の側からの働きかけがあり、次いでその翻訳について市民の裁可を仰ぐ、という流れである。この点は、現在でもまったく変わっていない。

これに対し、深く変わったのは、指名された代表者の振る舞いをどう監視するかという点であり、その振る舞いが人間集団の望みにたえず合致しているかが見張られている。一方に裁き手がいて、他方に世論があり、その両者のあいだで、私たちは管理民主主義〔訳註2〕の時代に入ったのである。管理民主主義とは、実はことさら代理表象的な民主主義であって、代表者が代理人にすぎないことが明確にされており、また代表制の原理それ自体がそこには表象されている。こうして、政治の舞台や権力の保持者たちは、社会に対してはっきりと依存することになった。国家は、総体として、要求に対する回答という位置に置かれることになったわけであるが、これでもまだ、アイデンティティを軸として集団的なものを再構成しつつある、もっと大きな潮流の目立つ部分を指摘したにすぎない。

市民社会を代理表象する際に、国家が求められている実際の役割とは、市民社会を構成するさまざまなアイデンティティを確立することである。集団のアイデンティティが築かれるのは、国家との関係においてである。すでに述べたように、国家は、市民社会を構成している諸要素としっかり結びつくよう、弛まぬ努力を続けることによってしか、その正当性を確立できない。

これを逆方向から言うために、次のように付け加えておかねばなるまい。すなわち、アイデンティティをもちたいと願う市民社会の構成要素のほうも、国家によって保証された代理表象空間を通じてはじめて、実際にアイデンティティをもつに至るのである。ここでは、さまざまな具体的な活動が紡ぎ出される前の、一般的かつ抽象的な意味で「代理表象」という言葉を用いている。アイデンティティの形成をはかる共同体は、みずからの本質として物語るところとは逆に、まず自生的に存在し、しかるのちに他の共同体や社会全般との相互承認へ、と進むわけではない。最初から他の共同体と区別された形で構成されるのであり、自己主張にしても、自分の私的な特性を公共空間に掲げ、そこでの承認を求めてなされる。このように、アイデンティティの共同体は自分自身を規定し確認するに際して、国家の外部にみずからを位置づけようとし、また国家にそのような外部性を承認してもらおうとするのであって、そのために国家は必要なのだ。アイデンティティ集団は、存在するためには、代理表象の手段を通じなければならないのである。

そもそもアイデンティティの形成にとって、承認という要素がいかに重要なものであるかについてはすでに考察したが〔第五章「承認のポリティクス」の節を参照〕、ここでは別の観点からふたたびそれに出会っているわけで、これによって考えをより明確にすることができる。アイデンティティ集団は、自分たちの独自性を他に対して主張する、言ってみれば「対自」であって、主観的な自閉のうちに各集団が構築される際にも、公共空間の正当に認められた一部として構築される必要があるのである。アイデンティティ集団にとって、公的に聖別してもらうことは、アイデンティティ形成の完了を見届ける上で不可欠である。これは、集団のみならず、個人のアイデンティティのレベルにおいてもそうであって、アイデンティティを主張するのは、市民として自己形成すること、つまり自分自身でありながら、なおかつ公的な生活にとって意義ある一原子たろうとするひとつのやり方なのである。

そこで国家は、たえず途方もない要求に曝されることになる。この世界にあっては、誰もが、あらゆる手を尽くして、是が非でも、自分の生存を規定する条件が国家の影響力から免れていることを求める。このように市民が、国家を前にして自分たちの特異性を主張する際に、その道具として、またその象徴として、鍵になるのが国家なのである。国家は、市民に甘言を振りまき、敬意を払っている素振りを見せるだけではない。国家に期待されているのは、市民社会における集団や個々人の自己形成を手伝い、自己表現の手段を与えることである。代理表象的な国家とは、社会を代理表象しつつも、その社会が国家から独立して自己組織できるようにしてやることを、第一の任務とする国家である。したがって、国家が以前のようなリーダーシップを果たさなくなっているからといって、国家の重みがそれだけ減少しているわけではけっしてない。国家は、もはや大してすべきことがないという印象を与えるために、実に多くの労力を費やしているのだ。

手続き民主主義の意味

代理表象をめぐるこういった新たな動きの枠のなかに置き直して考察すべきものとして、現在の民主主義における手続きに対する関心の高まりがある。理想的な目標としては、市民社会の構成要素それぞれに対し、公的な議論の場で、しかるべき注意を払うことしかありえない。そしてとりわけ、マジョリティの声の大きさによって誰かが黙らされたり、退けられたり、無視されたりしないようにすることである。マイノリティに配慮することは、その民主主義が真摯なものであるかどうかをはかる試金石になっている。

このように、さまざまな意見や方向性、帰属や利害対立を公平に考慮するには、手続きの規則を周到に整備し、厳格に遵守していくよりほかにない。形式を整えることが、力関係から生じる圧力に抗して正義を守る、唯一の砦となりうるのだから。民主主義の形式面が、かなり目立って再評価されるようになってきたのはそのためだが、注目しておかねばならないのは、手続き民主主義の復権を唱えているのが、以前は積極的に批判に加担していたタイプの言説だということである。

この形式主義復活の動きと軌を一にして再活性化しているのが、実は、直接民主政の理念であり、まさに国民投票を求める声の増加という形になって表われている。このような再活性化の背景には、世論民主主義の原理である管理・監視と、その道具としての世論調査が、人びとのあいだに浸透したことがある。意見を求められることに慣れた人びとは、どうしても自分の意見を開陳したくなるものである。手続き民主主義の再評価と直接民主政の理念の再活性化という二つの願望は、結果的に衝突しがちであるとしても、根本的に矛盾しているわけではまったくない。政治領域との関係も変化し、新たな局面を迎えた市民領域の重要な側面を、それぞれが表現しているのである。「民意に耳を傾けるべし」という要求が、市民全体から上がっているが、これは、統治者が市民社会に対して距離をおくことには同意しながらも、彼に代理表象者としての義務を思い起こさせようとする意志を示している。(2)「手続きはなおざりにすべからず」という要求が、市民一人一人から上がっているが、これは、人間集団のなかには容易に解消しがたい差異を抱えた人びとがいることを意識し、そのような現状に適切な表現を与えようとする配慮を示している。

代理表象についての共通理解は、姿形ばかりでなく、根底から変化した。かつて代理表象するということが意味していたのは、個々人やグループのあいだに横たわる差異を乗り越え、ひとつにまとまった意志として人間集団の真理を表現することであった。現在、この言葉が意味しているのは、さまざまな差異を露わにし、公共空間でもたえず意識されるよう配慮すること、その結果、政治のプロセスのあらゆる段階で差異が考慮されるようにし、人間集団の意思決定を練り上げていく過程で見失われないようにすることである。

だからこそ、このような観点からすれば、決定に至るまで公的な議論を導いていくさまざまな手段〔手続き〕が戦略的に重要なものとなってくるのだ。こういった手段こそは、討議を円滑に進める装置の基盤であり、そのおかげで、理念的には、社会全体を構成するあらゆる要素が議論に組み込まれることが保障されるとともに、それぞれのアイデンティティもないがしろにされることなく、保護されることになっているのである。

人びとはつい最近まで、形式主義を逃れ、状況即応型でありながら場当たり的でない、そして市民全体を融合するような民主主義を夢見ていたが、こうした夢を育んできた関心と、現在の民主主義を導いている関心とは、同じ次元のものである。かつても今も、人びとの政治参加を規定している条件は何かという点に関心が集まっていた。ただし、直接民主政に対するかつての憧れは、類を以て集まるという感情が先鋭化した結果生じたものであった――似た素性の人びとは、集団の意思決定に向かって同じように協力することができるだけで、グループの望みが平等に採択された場合には、その望みのなかに溶け込むよりほかにないとされていた。それに対して、現在問題となっているのは、個人やグループの差異をいかに代理表象するかということであるが、ただしそれは、差異を公の場で見えるようにしておくという意味での代理表象でなければならない。問題はまた、個人や集団が公の議論に平等に参加できるようにするにはどうすべきかということであるが、ただしそれは、それぞれの差異を承認し、各々が自分の本質的な特性だと見なしているものを尊重したうえでのことだ。こういった複雑な要望に応えるには、厳密にコード化された規則体系、さらには規約が必要である。平等志向の個人主義は形式を排除する傾向があったが、アイデンティティ志向の個人主義は手続きを重視している。(3)

新たな喪失に向かって

これまで、現代の民主主義が掲げる新たな理想の内包する論理を再構成しようと努めてきたが、そのような理想が追求されるなかで、社会の多様性を公的に演出するという新たな意味での代理表象は、それ自体が目的と化しつつある。誰が、なぜ、どんな資格でこの演出に参加しているのか。これこそが重要な問いであるとされ、参加の結果どうなるのかは二の次となる。多数決《マジョリティ》民主主義という古典的なモデルのもとでは、獲得すべき成果に振り回されて生きていた〔成果による専制〕。大事なのは最終的に一般意志を引き出すことであり、少数の関係者に皺寄せが来たり理解が及ばなかったりしても致し方ないこととされた。

現在、多元主義的でアイデンティティ重視、少数者《マイノリティ》配慮の民主主義モデルが確立しつつあるが、それに伴って今度は、辿るべき道筋と守るべき手続きに振り回されて生きることになりそうである〔手続きによる専制〕。劇場型の公的議論を繰り広げ、参加者たちに発言権を与えてやることの方が、実際に問題を解決することよりも優先され、どのような決定が下されるのか、それを監視・管理することは実質的に可能なのかという点がぼやけてしまっても致し方なくなっている。

何よりも優先されるのは、問題とそれを提起した人びとを舞台に上げる〔表象する〕ことであって、提起された問題を扱うことではない。かつては、集団の統一性が重視され、構成員たちの多様性は犠牲にされる傾向があった。これに対し、現在では、構成員が重視され、集団の統一は犠牲にされる傾向がある。むろん集団は統一的であり続けているが、いわば陰に退き、政治の表舞台に出てくることはなくなった。ということは、一連の問題が別の問題に置き換わっただけで、新たな情勢は以前に劣らず困難を抱えている。民主主義に魔法のような解決策がもたらされたわけではないのである。

確かに、モデルというものは、文字通りに受け取るべきものではない。現実には、私たちが目にしているように、古いモデルと新しいモデルが混ざり合っている。国家が依然として冷徹なリアリズムを標榜したり、多数決主義が習慣として人びとのあいだに残っていたり、市民運動が伝統として根付いていたりするので、新たな民主主義モデルの内包する論理が純粋な形で現われることは実際にはない。だが、新たなモデルが必要とされるということ自体が、すでに十分に、現在の政治体制の足どりがいかなるものであるかを、さまざまなレベルで示しており、どれほど異常な事態が生じているかを窺わせてくれる。民主主義が自分のかつての非自由主義〔illibéralismes さまざまな自由・権利を与えずにいたこと〕を改めようとする作業が進むなか、至るところで、麻痺、混乱、喪失といった思いもかけない結果が同じように生じている。

どうしてこのような事態に立ち至ったのか、その一部始終を本当に理解したければ、その源泉にさかのぼることが不可欠であり、そして逆に言えば、まさにここで、新たなモデルの内包する論理に頼る必要が出てくる。それによって現代の民主主義がどのように機能しているかを描ききることはできないにしても、どのように機能不全に陥っているかを理解するには、他に代えがたいものである。承認のポリティクスにも、市民社会と国家の新たな表象関係のあり方にも、機能不全が本来的につきまとっているということも、この論理だけが解き明かしてくれる。こうして、機能不全の広がりが余すところなく示される。アイデンティティ民主主義と、それによって約束されているものが、いずれぶつかることになる限界は、すでに今の時点で告げられている。

この構造的な機能不全の核心には、社会の構成員たちが提起する問題を解決するよりも、彼らをいかに代理表象するかという点に、重きが置かれているという問題がある。あたかも、なんらかの手続きを介して公共空間で正当化されるように、特定の意見や利害を取り上げることの方が、厳密な意味で行政上の争点となるはずの問題よりも、すなわち公的な活動の一貫性などよりも重要であるかのように、すべては進展している。まるで、さまざまな利害を調停し選択を行なう上で、基本的な方向性を見出すことなど、二の次であるかのように。統治される者にとって重要なのは、自分をアピールすることであり、統治する者にとって重要なのは、さまざまな個性に配慮しているという点をアピールすることである。

こんな風にして、統治される者の存在が思い起こされ、考慮されるべき存在なのだということがあらためて銘記される。だとすれば政策決定は、あらゆる方向にはたらく圧力の間で自動的に導き出される合力となるか（もっとも修正要求はたえず寄せられることになるが）、あるいは舞台裏に追いやられて、その策定に携わるのは少数の高級官僚の仕事になるか、どちらかである。だからといって、政策決定は必ず受け入れられるものかといえば、まったくそんなことはない。決定の影響を蒙る当事者たちは、すすんで拒否の声を上げるだろう。民間のチェック機能は、新たな市民社会の必須の属性である。

だが、拒否の態度を示すことは、対案を練り上げることではない。あらためて策を練る必要があっても常に同じ者、すなわち統治者側に仕事は送り返される――まさにこの点を見れば、現在続いている混乱状態のなかに、代表委任制の行き詰まりを見て取るのがいかに間違ったことであるかがわかる。[4] 代議制はこの混乱状態を受けて、ある面では強化されているくらいだが、他の面では再解釈を余儀なくされ、従来の代表制が当然の前提としていた多数決や任期制といった観念を、相対化する方向に進んでいる。そのため権力の保持者たちは、いかなる政治傾向のために選出されたかを問わず、集団の中で活発に活動している構成員たちと現在進行形の対話を交わすことに熱心である。

このような情勢の変化を踏まえなければ、世論の動きが示しているような、効率性やプラグマティズムといった諸価値の顕揚〔戴冠〕がどうして生じるのか、うまく解釈できない。そういった価値の顕揚は、代理表象する者とされる者の現時点での関係を中心に、公権力の活動が再編成されていることを反映している。この再編成は、「現実の」社会の諸要素の、自分たちをありのままの姿で受け入れてもらいたいという意志によって引き起こされたものである。もちろん、政治社会の実際上のモデリングを保証しているのは諸政党やその政治綱領であることを除外して考えれば、の話である。

ここで疑問視されているのは、このように数えきれないほどの要求を包括的に統合し、全体を一貫して運営ができるかどうかなのである。調整は後回しにされ、官公庁が密かに行なう仕事となるか、「見えざる手」の摂理による調節に頼るか——ここでもまた市場社会だ〔第四章「市場原理社会」の節を参照〕——、どちらかである。政治的な計画はどうかと言えば、もはやほとんど選挙運動用の大衆扇動的なお飾りのようにしか見えない。また、これらの計画は、ほとんどの場合、あるものは支持者に取り入るため、またあるものは世論調査の結果に従って、さまざまな約束事を並べ立てたカタログであって、そうした約束事が両立可能なものなのかという点に大きな関心を向ける者など誰もいないようである。局地的なものや刹那的なものが、全体的なものを駆逐する。部分に注意を払うあまり、全体の統御が見えなくなる。政治の無力は、まさに政治の内側から作り出されている。無力の原因は、代理表象関係がつくられる過程にある。社会が全体としてのまとまりをもって振る舞えるか、また全体としての社会がいつまで公的な議論の対象であり続けられるか、疑わしいからである。

権力は遠いところにあるのだ、市民の影響力は権力が行使される過程には及ばないのだ、という感情が生まれてくるのもそのためである。ただ、権力の座にある者たちは、民意にできる限り近づこうと涙ぐましい努力をしているのだから、逆説的なことではある。市民の心の奥底を休みなく探り、配慮のあるところ、存在感のあるところ、理解のあるところを絶え間なく見せようとしているのに、統治者たちはよそ者のように思われ、統治される者の関心とはどうしようもなく無縁なのだと受けとめられる。

かつてこれほどまでに人びとの意見が気にかけられたことはなかったし、良きにつけ悪しきにつけ、かつてこれほどまでに人びとの意見が考慮されたことはなかった。にもかかわらず、人びとは最終的に自分の意見が聞き入れられたという印象をもっていない。この奇妙な対話においては、ふんだんにメッセージが交わされているのに、対話者は相手と出会うことなく互いを探し続けている。市民社会が自分をアピールし、公共空間で自分の声を響かせれば響かせるほど、指導者はそれに対してますます配慮や気遣いを見せるが、しかしながら双方が深く出会うことはますます少なくなる。麓と頂上のあいだの距離は、とてつもなく広がっている。

というのも実際、上の方では、ここまで見てきたこととは別のことが起こっているのである。すなわち、麓でひとつひとつ物議を醸して下された政策決定は、頂上ですべてひとつにまとめあげられ、麓でばらばらに行なわれた行動は、頂上ですべてひとつのまとまった方向性を与えられる。権力が遠いように感じるのは、それが社会構成員の及ぼす影響力の届かないプロセスのありかを象徴的に示しているからであり、結局のところ国家権力は、最終的には、人びとが影響を及ぼしうる他の権力を指揮しているのである。

ただし、この権力が統治者の手からも逃れているのは事実で、彼らにとって統治を司ることがだんだん難しくなっているようだ。だが、統治者における一貫性の欠如は、彼らを同じ境遇に近づけるどころか（「私たちはみな同じ船に乗り合わせている」）、彼らを市民から決定的に切り離してしまう。統治者たちは、集団の雑多な要素を寄せ集めて縫い合わせ、平然とたった一つの物語をでっちあげる、盲目的で無感動な機械仕掛けだとして、拒絶されてしまう。市民と権力との関係の両義性は、ここにおいて極まる。権力を対象として、他に類を見ないような合意形成がなされている。「本当の自分」であれ、属する集団のアイデンティティであれ、利害関心のまとまりであれ、故あって譲れない「自分らしさ」を思い思いに表現できるのは、個人も集団も、権力に対して暗黙のうちに信頼感を抱いているからだ。権力が責任をもって保障してくれるはずの普遍的な包括性を当てにしているのである。

だが同時に、彼らは権力に対して不満を抱かざるを得ない。最終的に出てきた結果は、彼らの願いとは無縁の奇妙なものであるのだから。彼らが権力に期待した機能そのものが権力を遠くへ、外へと追いやってしまうのだから。それぞれの小さな物語は剝奪されて、仕方なしにとはいえ、権力は一つの大きな物語を物語る顔となるのだから。しかし、このような恨みのなかには、革命につながるようなものは何もなく、むしろ正反対のものがある。それは、受け入れることもできないが、かといってそれ無しですますこともできないものに対する、やるせない怒りを含んだ欲求不満である。

このように正体を摑み難いものを前にしては、管理民主主義に託された希望もまた、潰えざるをえない。思い切り管理・監視を厳しくし、政治家の失態をあげつらい、世論の表現や見識を洗練させ、司法の審査能力を強化することならできるであろう。だが、そうしたところで、権力を監視し誘導するためのこれらの手段は、権力が行使される過程ですでに大々的に市民の影響力から逃れ去っているものに対して、いささかの影響力を付け加えることもあるまい。こうして管理・監視は、それを逃れるものの大きさを浮き立たせることで、ある意味では無力感を助長してさえいる。

というのも、何かを認めることはそれを知ることではなく、何かを見えるようにすることはそれを理解可能にすることではなく、何かを代理表象することはそれを思考によって統御可能にすることではないからである。自分を描き出すことを通して自己を理解しようとする試みには、いくぶんか幻想が紛れている。これは、公開性が至るところで求められるようになった現代社会の大きなパラドクスである。社会を隅々まで読めるようにする努力が招いたのは、集団の全体が読み解けなくなるという奇妙な事態だった。実にさまざまな「アイデンティティ経験」について、未だかつてこれほどの情報が氾濫したことはなかったし、これほど言葉が費やされたこともなかった。公表できないもの、公開してはならないものなど何もないほどである。にもかかわらず、このような透明性の組織化が進むにつれて、それと同じ歩調で、集団全体の機能は不透明だという感情がいや増している。結局、ある風変わりな矛盾に行きつくことになる。現代社会は、細部においては自分のことを知り尽くしているのに、全体像はさっぱり把握していない。自分自身の正確なイメージを得よう、構成要素をひとつひとつ全部満足させる自画像を描いてやろうとして、結局は自分をつかみきれていない。現代社会は、民主主義を唱えながら、その至高の要請、すなわち「自己を統治する」という要請に背を向けている。

したがって、あえてこう言うことができる。いつの日か、民主主義はまた別の方向へ歩み出すだろう、と。いつと予言することはできないが、にもかかわらず、今日展開している民主主義体制には、すでにあらかじめその日の到来が刻み込まれている。手続きとアイデンティティを重視する現代民主主義の論理には、現在すでに矛盾点が垣間見えている。この矛盾点を中心として、政治サイクルの転倒が生じるだろう。いつか、自己統治という理想は、時代の要請によって嫌われ者の役を演じている公の普遍性や集団の統一性といった次元を、不可欠の支点として再評価することになるだろう。これらの次元が新たな観点で再編成される一方で、自律の理想自体も新しい言葉で語られるだろう。

だが、これはまた別の本の主題である。

原 註

序

（1） *Le Désenchantement du monde. Une histoire politique de la religion*（『世界の脱魔術化――宗教の政治史』）, Paris, Gallimard, 1985.

第一章

（1） ここでは大雑把に述べているが、ある特定の状況に即して詳しく書いたことがあるので、以下の拙著を参照のこと。*La Révolution des pouvoirs*, Paris, Gallimard, 1995.（『代表制の政治哲学』富永茂樹・北垣徹・前川真行訳、みすず書房、二〇〇〇年）。とりわけ《La représentation après la religion》（「宗教のあとの代理表象」）, pp. 280-286.

（2） ここでは、さまざまな発展のあり方に大まかな枠を与えているにすぎない。この問題については、フランソワーズ・シャンピオンが国ごとに詳細な見取り図を作成している。Françoise Champion, 《Entre laïcisation et sécularisation. Des rapports Église-État dans l'Europe communautaire》（「非宗教化と世俗化のあいだ――ヨーロッパ共同体における教会と国家の諸関係」）, *Le Débat*, n°77, novembre-décembre 1993 を参照。

（3） これらの現象を観察・考察した現状分析としては、グレース・デイヴィーとダニエル・エルヴュ＝レジェの編んだ次の書物が便利である。Grace Davie et Danièle Hervieu-Léger (dir.), *Identités religieuses en Europe*（『ヨーロッパの宗教的アイデンティティ』）, Paris, La Découverte, 1996.「ヨーロッパ文化の転回」という表現は、ヤン・ケルクホフスのものである。また「ヨーロッパの非教会化?」という問いは、シーナ・アシュフェルドとノエル・ティムスが次の書物のなかで立てている。Sheena Ashfeld et Noël Timmes, *What Europe Thinks. A Study of Western European Values*（『ヨーロッパが考えていること——西欧的価値の研究』）, Darmouth, Adershot, 1992. 若者における宗教については、イヴ・ランベールの業績を参照（一例として Yves Lambert, «Les jeunes et le christiamnisme : le grand défit»（「若者とキリスト教——大きな挑戦」）, *Le Débat*, n°. 75, mai-août 1993)。

（4）この「芸術」の思弁的理論」の形成と展開を、ノヴァーリスからハイデガーまで辿った書物に、Jean-Marie Schaeffer, *L'Art de l'âge moderne*（『近代の芸術』）, Paris, Gallimard, 1992 がある。

第二章

（1）この問題をより正確に論じたものとして、次の拙稿を参照のこと。«L'État au miroir de la raison d'État : La France et la chrétienté»（「国家理性の鏡の国家——フランスとキリスト教性」）。この論文は次の書物に収められている。Yves-Charles Zarka (éd.), *Raison et déraison d'État*（『国家の理性と不条理』）, Paris, PUF, 1994.

（2）*Histoire philosophique et politique des établissements et du commerce des Européens dans les Deux Indes*（『二つのインドにおけるヨーロッパ人の進出と通商の哲学と政治の歴史』）[1770], ジュネーヴ版より引用（1780, t. X, p. 127sq.)。

（3）『モニトゥール』あるいは『議会古文書』に収められている、一七九〇年五月三十日から六月二日にかけての議論全体を参照。引用したカミュの発言は六月一日に行なわれた審議のものである（*Moniteur*, t. IV, p. 515)。

（4）一六八二年の聖職者会議によって採択された「四カ条の宣言」の第一条は、次のように定めている。「聖ペテロとその後継者、イエス・キリストの代理者〔教皇のこと〕、教会が神の力を受けることができるのは、精神的な事柄、永遠の救いにかんすることのみであって、市民の事柄、現世的な事柄についてはまったく関与しない（……）。国王や君主は、神の命ずるところにより、現世的な事柄については、いかなる教会権力にも従わない。また、直接的であれ間接的であれ、教皇の権威によって、国王や君主が廃されてはならない。そして、国王や君主の臣民が、教会・教皇の権威の名において、臣民として負っている従属・服従の義務や、忠誠の誓いを免れてはならない……」。

（5）このエピソードは、フランスの政教関係史において決定的なのに、これまであまり知られてこなかったむきがある。今後のよりよい理解を開くものとして、次の書物を参照。Catherine Maire, *De la cause de Dieu à la cause de la Nation : Le jansénisme au XVIIIe siècle*（『神の大義から国民の大義へ——十八世紀のジャンセニスム』), Paris, Gallimard, 1998.

（6）シュムペーターは、非民主的な過程をたどって人民のための政府ができることのモデルとして、コンコルダの事例を取り上げている。Schumpeter, *Capitalisme, socialisme et démocratie*, trad. franç., Paris, Payot, 1990, pp. 336-337（『資本主義・社会主義・民主主義』、中山伊知郎・東畑精一訳、東洋経済新報社、上・中・下、一九五一―一九五二年）。また、ジャン・ボベロは、この妥協を「脱宗教化の第一段階」と解釈している。教会は、政治的には従属したものでありながら、社会的には有用性の観点から、また宗教的要求が厳然と存在していた事実に照らして、卓越した制度として認められていた。教会は、いわば「外側」から「内側」へ移行したのであり、それによって「敷居」をまたぐ効果が表われてくる。教会は、その包括的な資質を失い、もはや社会全体を規範化する権限はなく、今後は、ひとつの社会の内側における第一線の場で役割を果たせば、それで満足しなければならなくなった。Jean Baubérot, *Vers un nouveau pacte laïque ?*（『新たなライシテ協約に向かって？』), Paris, Éd. du Seuil, 1990 を参照。

（7）この意味で、「第一の分離」と「第二の分離」の比較は大変示唆に富む。第二の分離とは、一九〇五年の分離にほかならないが、第一の分離とは、一七九四年から一七九五年にかけて、テルミドールの公会が聖職者民事基本法の瓦礫の上に打ち立てた分離のことである。一八〇一年のコンコルダまで効力を保つことになるこの第一の分離は、確かに「礼拝の自由」を保障するものであるが、これは「制度」としての教会を事実上禁じる枠組みのなかでの保障である。「あらゆる系列集団、連合集団、連盟、とにかく団体間の合弁に相当するものはすべて」禁じられていた。つまり、市民の宗教的自由を認めながらも、それは個人的な意味においてであって、宗教団体が市民団体として組織化され、独自のヒエラルキーや聖職者そして財産を持つことは阻止されていた（Albert Mathiez, «Le régime légal des cultes sous la première séparation», dans *La Révolution et l'Église*〔『革命と教会』所収「第1の分離体制下での宗教法制」〕, Paris, 1910 を参照）。これに照らしてみると、第二の分離の中心的な課題とは、社会的多元主義であったことが浮き彫りとなる。問題の焦点は、政治団体とは区別される団体が協力する自由を認めることであった。

（8）私はニームの牧師サミュエル・ヴァンサンに倣って、この「仕上げ」という言葉を取り上げた。彼は洞察に満ちた一八二九年の著作 *Vues sur le protestantisme en France*（『フランスのプロテスタンティスムへの眼差し』）において、つとに教会と国家の分離は「十九世紀の仕事であり十九世紀の仕上げとなる」だろうと予言していた。

（9）«L'éducation et la morale», *La Critique philosophique*（「教育と道徳」『哲学的批判』), 1872, t. I, p. 279. ルヌーヴィエのテキストの有する射程について、私の注意を呼び起こしてくれたのは、マリー＝クロード・ブレである。彼女の博士論文を基にした本が出たので、今後はそちらを参照することができる。Marie-Claude Blais, *Au principe de la République : Le cas Renouvier*（『共和国の原理へ――ルヌーヴィエの場合』), Paris, Gallimard, 2000.

（10）«D'où vient l'impuissance actuelle de la pensée laïque», *La Critique philosophique*（「ライシテに依拠した思考が現在無力なのは何に由来するのか」『哲学的批判』), 1876, t. II, p. 100.

（11）«Questions au sujet des rapports des Églises avec l'État», *La Critique philosophique*（「教会と国家の関係についての疑問点」『哲学的批判』), 1879, t. I, p. 124.

（12）«Les réformes nécessaires. L'enseignement : droit fondamental de l'État», *La Critique philosophique*（「必要な改革――国家の基本的権利としての教育」『哲学的批判』), 1876, t. I, pp. 243-244.

(13)《Les réformes nécessaires. La liberté de l'enseignement》, *La Critique philosophique*（「必要な改革——教育の自由」『哲学的批判』), 1878, t. II, p. 307.

(14) *Ibid.*, p. 307.

(15) *Ibid.*, p. 304.

(16)《Les réformes nécessaires. L'enseignement : droit fondamental de l'État》, *La Critique philosophique*（「必要な改革——国家の基本的権利としての教育」『哲学的批判』), 1876, t. I, p. 245.

(17) *Philosophie analytique de l'histoire*（『歴史分析哲学』), Paris, 1896, t. IV, p. 142. このテキストは、先ほど引用したテキストよりも二十年あとのものだが、ここでは、晩年のルヌーヴィエの思想が、いっそう「唯心論」の方向に傾いているという議論には立ち入らない。ここで私が言いたいのは、たとえ相違はあっても、それは強調の度合いの問題であって、問題系の構造そのものを変えるようなものではないということだ。

　ちなみに、デュルケムが一九〇二年から〇三年にかけてソルボンヌで行なった「道徳教育」にかんする開講講義のなかに、これと極めて似かよった問題系を見出すことができる。デュルケムもまた、宗教的な参照をすべて取り除きさえすればよいといった、単純な合理化や性急な脱宗教化では、「みすぼらしい、色あせた道徳」にしか行き着かないと考えていた。「したがって、このような危険を回避するためには、外的な分離を行なうだけで満足してはならない。まさに宗教的概念の中核部分に、埋もれたり散乱したりしている道徳的実在を探しに行かなければならない。そのような道徳的実在を取り出し、それが何でできているかを解明し、またその固有の性質を決定して、それを合理的な言語で表現しなければならない。一言で言えば、かくも長きにわたって、最も本質的な道徳的理念を伝える役割をはたしてきた宗教的概念について、その合理的実質を突きとめる必要がある」(*L'Éducation morale*, Paris, P.U.F., 1963, pp. 7-8.〔『道徳教育論』麻生誠・山村健訳、明治図書、一九六四年、第一巻、四二頁〕)。

(18) この方程式を解くことが課題であったことに照らしてみると、いかに共和主義的解決が、いわゆる「市民宗教」とは無関係であるかがよくわかる。この点について簡単に論じておこう。アメリカの場合に古典的に見られることだが、市民宗教とは、キリスト教諸宗派の宗派的と受け取られる面を中立化した上で、キリスト教を最小限の共通項に帰着させ、そのようにして得られたキリスト教を市民社会に見合う形で公領域に転置することを指している（Robert Bellah, «La religion civile aux Etats-Unis», *Le Débat*, n° 30, mai 1984.〔ロバート・ベラー「アメリカの市民宗教」『社会変革と宗教倫理』河合秀和訳、未来社、一九七三年〕）。アメリカでは教会と国家の分離が非常に早くになされ、またこの分離は宗教的デノミネーション〔教派〕の多元性によって規定されていたので、政治的権威と宗教的信念とが、共通の根と残存物を基にして、最終的に手を組む道が残されていた。「ネーション・アンダー・ゴッド」という表現に、それが体現されている。これに似たことをフランス共和国で構想することは、まったく不可能である。フランス国家にとっての問題は、アメリカの場合のように「諸宗派」と手を切ることではなく、「宗教」自体からの分離を達成することであった。「宗教」自体と言ったが、厳密に言うと、これはヘゲモニーを握っていたカトリックの存在が厳然たるものであり、またローマ教会の権利要求の性質から言って、個別的であるはずの一宗教の問題が、一般的な宗教そのものの問題にしばしばすりかえられていたからである。これは極めて重い問題で、解決のためには、アメリカ流の解決法とはまったく別の手段に拠らなければならなかった。フランスで要求されたのは、宗教に対して非宗教的な代替案を見つけること、宗教自体がその枠組みに入ることができるような代替案を見つけることだったのである。

(19) このような結果が生まれた文脈とメカニズムとにかんしては、「フランス啓蒙主義における神学的なものと政治的なものの結合」についての研究のなかで、より詳細に説明する用意がある。

(20) 共和国が経験している独自性を、時代の内側から感じ取って明言した者のひとりに、社会主義を奉じる作家ウジェーヌ・フルニエールがいる。「この問題は、政治上の自由主義および社会上の正義を目指しているヨーロッパのすべての国民に共通するが、フランスでは現在、ある前代未聞の実験が行なわれている。私たちは、政治・社会・道徳にかんする秩序を、理性・科学・議決に基づいて打ち立てようとしている。この企てに際して、私たちはあらゆる伝統を打破した。したがって私たちは、アメリカ開拓者たちよりも自由であり、あらゆる点でむき出しにされている。というのも、彼らは少なくとも聖書は携えていたのだから。これに対し、私たちの学校には神はおらず、私たちの町には司祭がいない。私たちの唯一の規準は、あらゆる批判に向かって開かれた個人の良心であり、唯一の調節装置は刑法である」(Eugène Fournière, *La Crise socialiste*〔『社会主義の危機』〕, Paris, 1908, p. 353)。

第三章

(1) 教皇によれば、分離という「このテーゼは、明らかに超自然的秩序を否定するものである。このテーゼは実際、国家の行動をこの世における公的な繁栄の追求のみに限定するもので、政治社会の理性から導き出されているものにすぎない。したがって、いかなるやり方をもってしても、このテーゼを、政治社会が最後に行き着くべき理性の極み、すなわち永遠の至福に当てはめることはできない。それは国家とは無縁だからである」(Jean-Marie Mayeur, *La Séparation de l'Église et de l'État*〔『教会と国家の分離』〕, Paris, Julliard, coll. «Archives», 1966, p. 119 より引用)。

(2) *Discours, rapports et travaux inédits sur le Concordat de 1801*〔『一八〇一年のコンコルダをめぐる演説・報告書・未公刊審議集』〕, Paris, 1845, p. 86.（引用テキストは、以下の報告書に見られる。*Rapport du citoyen Portalis, conseiller d'État, chargé de toutes les affaires concernant les cultes, devant le Corps législatif, sur les articles organiques de la convention passée à Paris, le 26 messidor an IX, entre le Gouvernement français et le Pape.*）

(3) 共同体的な心性を有していた信仰は、次第に個人主義的な意見に変わってゆくが、このプロセスを導いた決定的な要因として、普通選挙は重要である。この点を鋭く指摘したのは、フィリップ・ブトリーである。Philippe Boutry, *Prêtres et paroisses ay pays du curé d'Ars*〔『アルの司祭の地域の聖職者と教区』〕, Paris, Éd. du Cerf, 1986.

(4) リュック・フェリーは「神的なものの人間化」「人間的なものの神格化」について語っているが、私に言わせれば、どうしたってこのような誤った診断は犯しようがない (Luc Ferry, *L'Homme-Dieu*, Paris,

Grasset, 1996.〔『神に代わる人間』菊地昌実・白井成雄訳、法政大学出版局、一九九八年〕)。起こっているのはまったく逆の事態で、私たちは両者を切り離す動きに参与している。この動きによって神的なものは「非人間化」され、他方、人間的なものからは神的なものがすべて取り除かれてゆく。人間はこれまで、たとえ遠くからであっても、神的なものに参与していたが、その名残りさえもついに取り除かれようとしている。人間的なものは人間的なもの以外の何物でもない。確かにこれは人間を価値づけるであろうが、それは人間が「非神格化」する度合いにおいてである。それでも神的なものが「人間化」されると言うならば、それは、神的なものが人間の行為に対する容赦仮借ない指導者としての特徴を失い、そして命令を監視し罪人を罰することに直接関与することをやめる、という意味においてのみである。いずれにせよ、神的なものの人間化が起こっているとしても、それは親密な接近の効果によるのではなく、他なる性質を持つものの増大の効果による。

〔訳者付記〕ゴーシェとフェリーの対談を収録した *Le religieux après la religion*(『宗教のあとの宗教性』), Paris, Grasset, 2004 は、両者の一致点と相違点を浮き彫りにしている。

(5) 私見によれば、これがモーリス・バルビエの解釈の妥当性と限界である。Maurice Barbier, *La laïcité*(『ライシテ』), Paris, L'Harmattan, 1995 を参照。

第四章

(1) ジョン・ロールズは彼なりの仕方で、見た目は同一であってもこのような厄介な差異があることを認め、次のように表現している。「私の知る限り、一世代前のリベラルな作家は誰も、政治リベラリスムの教義をはっきりとは打ち出さなかった。けれどもこの教義は新しくはないのである……」(Cf. Jürgen Habermas et John Rawls, *Débat sur la justice politique*, Paris, Éd. du Cerf, 1997, p. 51.)

(2) だが、知的現象だけに限っても、すでにかなり注目すべきものではある。ここで問題にしている広義の市場概念の浸透を雄弁に物語る徴候として、次の例以上のものを私は知らない。すなわち、経済領域における市場観念を蛇蝎のごとく嫌う人びとが、人口動態の調整について語ることで、広義の市場概念を利用している、という事実である。資本主義の無秩序を誹謗し、「超自由主義」の蛮行を嘲弄している当の本人たちが、他方では、国境を完全に開放し、移民の流入を自由化すれば、最終的には必ずや安定した均衡状態に達するのだと主張している。立派な大義の影には、こうした狡知が潜んでいる。

第五章

(1) ちなみに、精神分析による無意識の解明は、自分から自由になることで自己を脱中心化し、真の自我を獲得するためのシステムを確立しようとした最後の試みだったと言えよう。人は外側から規定されるばかりでなく、自己意識から遠く隔たった最奥の部分からも規定されている。自分自身の過去の影響力によってても拘束されているのだ。だが、その事実を意識することで自由になることができる。この観点は、自分自身から自由になることで、自己に抗して自己を獲得するという、旧来のアイデンティティ像に依拠している。

(2) 一九七〇年代に姿を現わしたこの新たな「多様性」が、前例のない社会の均質化を背景にしていることが、その最良の証拠である。古くから続いてきた運動が止むまさにその瞬間に、大きな社会的地位の差が消えた。農民身分がなくなり、召使い身分が消滅し、隔離されていた労働者階級も段階的に解消している。男女の別に応じて違った領域が形成されていたのも昔の話である。都市化、消費社会化、メディア社会化を通じて、生活様態はどれも似たり寄ったりになっている。フランスのような国では、以前は決定的であったカトリックとライックの決定的な区別は、社会を規定する要因ではなくなっている。同時に、革命の希望が衰弱するとともに、二十世紀初頭を支配した政治的な断絶・分裂も消滅しつつある。ファシズムのあとは共産主義も、新たな社会を生み出す原動力としては、歴史の舞台から退きつつある……。今や民主主義の諸原理は一般的な賛同を得ているので、今後の公的な議論はその内部で行なわれることになるだろう。

差異に対する現代の新たな信仰は、一世紀前、共和主義者たちが夢見ていた〔農民と労働者の、男女の、カトリックとライックの〕あの「道徳的統合」という構想から、そしてそれとの関係において、生じている。したがってその重要性も相対化して考えなければならない。チャールズ・テイラー風に言えば、人びとが共同計画を立てにくく、共同体としての公的集団に自己を投影しにくい「断片化した社会」は、人びとのメンタリティがより深いレベルでは、はるかに似たり寄ったりのものになっている社会でもある。断片化した社会であることと均質化が進んでいることとは、けっして無関係ではない。

（3）これは、十九世紀に生じたカトリックの硬化の、無視しえない要因のひとつであり、現在さまざまな「原理主義」において機能している原動力のひとつであると思われる。

（4）ここで私が述べていることは、ダニエル・エルヴュ＝レジェなら、信仰の系譜と言うところだろう。彼女は深い洞察をもって、この記憶の組み替えを描き出している。Cf. *La religion pour mémoire*, Paris, Éd. du Cerf, 1993.

〔訳者付記〕既存の大宗教が人びとの記憶の彼方に消え去りつつある一方で、情報消費の加速、若いことへの価値付与など、伝統を忘れ、ますます健忘症化する現代社会にあって、例えばスポーツという形であれ、誰かとつながっているという感覚を抱かせる一種の「記憶化」のための特権的な場として、宗教的なものは生き延びていくだろう――この二重の意味において、現代宗教にとっての記憶の重要性を強調するエルヴュ＝レジェの本書は、以上の理由から『記憶の中の宗教』と訳すことができるだろう。

（5）もちろん人は、自分で誇れるものに自己同一化を遂げる。しかし、偉大な倫理性や豊かな貢献度を理由にして、伝統を歴史のなかで価値あるものと認めることと、伝統は歴史を超えた真理を謳っているとして、超越的な真理を有効なものと認めることとは、まったくの別物である。

（6）ここで一度はっきり述べておくが、私は純粋な型としての論理を取り出そうと努めている。したがって、私が何よりも関心を寄せているのは、もともとの宗教的伝統を基礎として、どのようにアイデンティティが形成されているか、である。だが、この現象が、イスラームの伝統をはじめ、近年フランスないしヨーロッパに移入してきた外国の伝統を保持する者にも、及んでいることもまた事実である。彼らのケースを分析するには、より複雑な図式が必要で、二つの異なるプロセスが交差する地点を考えなければならない。一方には、西洋的な民主主義の内部の動きに呼応した、アイデンティティ形成のプロセスがある。もう一方には、宗教的なものの再活性化のプロセスがあり、これは他の諸文化に囲まれながら西欧化するために起こっている。この運動は、西欧のものを自分のものにする傾向と、排斥する傾向があり、それ自体非常に両義的である。ただ、こうしたアイデンティティは周辺的なものであり、最も断固とした調子で熱狂的に活動しているからといって、そこから出発して現象の本質を引き出そうとすることは、甚だしい混同である。

（7）「承認のポリティクス」という表現は、チャールズ・テイラーに負っている。この表現を用いた本が英語で出ているが、以下の題〔『多文化主義――差異と民主主義』〕でフランス語にも訳されている。*Multiculturalisme : différence et démocratie*, Paris, Aubier, 1994.〔邦訳、チャールズ・テイラー他著『マルチカルチュラリズム』、佐々木毅他訳、岩波書店、一九九六年〕。

（8）それゆえ、ホセ・カサノヴァのように、宗教の「脱私事化」について語るだけでは十分ではあるまい。彼は、とりわけグローバル化、商業主義化、個人主義化したいくつかの社会に即して、社会の「規範的な構造」について集団がどう考えているかという観点から、宗教が一九八〇年代に公共空間で獲得した新たな役割を規定しようとしている（彼が分析事例として挙げている五つの宗教は、スペインのカトリック、ポーランドのカトリック、ブラジルのカトリック、米国の福音主義プロテスタントとカトリックである）。たしかに脱私事化という概念によって、宗教の決定的な位置移動ははっきりととらえられているが、この概念はまた、現象の残りの半分を覆い隠し、そこに孕まれている逆説的な緊張を捉えそこなっている。たしかに信仰は公的役割を果たしているかもしれないが、その自由と私的な特殊性を保持しようとしている以上、問題になっているのは、「脱私事化」というよりむしろ「私的なものの公共化」である。Cf. *Public Religions in the Modern World*, Chicago, University of Chicago Press, 1994.〔邦訳『近代世界の公共宗教』、津城寛文訳、玉川大学出版部、一九九七年〕。

第六章

（1）『エスプリ』特集号「神なき宗教の時代」一九九七年六月号を参照。

第七章

（1）私は先に引用した『諸権力の革命』〔邦題『代表制の政治哲学』〕において、この表象関係の変容を、別の観点から、すなわちさまざまな機関の綱引きや、さまざまな権力間の関係の変遷から出発して明らかにしようと試みた。

（2）この意味で、国民投票は、代表制と両立可能な直接民主政の様態であって、自主管理〔国民自身による統治〕ではない。

（3）「平等志向」の個人主義においては、平等とは個々人の相似《シミリチュード》という意味で受け取られており、これは理解できる。だが、平等という言葉をより広くより深く受け取るなら、「アイデンティティ志向」の個人主義もまた、ここで与えようとしている意味合いにおいては、やはり平等を求める世界という側面をもつ（この個人主義は、すべての個人が自分たちの差異を表明できるために平等な権利を要求しているからである）。この個人主義は、平等を求める世界の新たな相貌に対応している。

差異《ディフェランス》と類似《ルサンブランス》というこの難しい問題について、いくつか補足説明を行なっておくのもおそらく無駄ではあるまい。平等を推進する力となるもの〔平等の力学〕は、最も根本的な部分においては、類似を推進する力〔類似の力学〕である。差異を上下関係と捉える旧来の見方では、個人間の差異が本性の差異として実体化され、そこから（たとえば男女間の）相違《ディサンブランス》や不平等の原理がつくり出されていた。これに対し、近代の平等主義的な見方では、差異はやわらげられ、類似を認めようとする（男女は、両者を隔てるものを超えたところで似ているとされる）。だが、一方で、差異は相変わらず存続しているということ、他方で、ここで言う類似《ルサンブランス》は先に触れた相似《シミリチュード》ではないことを見落としてはなるまい。相似を主張するということは、類似を別のレベルで捉えてラディカルに解釈することである。確かに、「差異が残っているとしても、それは周縁的ないし取るに足らないもので、できる限り消し去るか括弧に入れなければならない」と独断的に言うこともできる。だが、まったく異なるもう一つの解釈もまた可能である。今日の社会では、性差がどう扱われているかを見ればわかるように、ある面では類似が価値あるものとされ、また別の面では相異《ディシミラリテ》が価値あるものとされる――ここで重要なのは、そのように他の者との差異がしっかり育まれたとしても、個々人が互いのうちに自分の姿を深く認めることは、いささかも妨げられないという点である。現在広まっているアイデンティティの論理は、個々人が自分自身と向き合ったり、あるいはさまざまな差異を分かち持ったり、担ぎ出したりするときにはたらいている。だが、この論理は、平等の力学と対立するわけでもなければ（いかなる差異であっても優位を打ち立てることはできない）、類似の力学と対立するわけでもない（いかなるアイデンティティが形成されようとも、個人や集団のあいだに乗り越えられない障壁を打ち立てるべく振りかざされることはない）。もちろん特定の差異やアイデンティティだけを重視する言説を耳にすることもないではないが、性懲りもなく現われてくる割に、この種の言説は物事の真理との関係を欠いている。別の言い方をすれば、女性としてのアイデンティティを強くもちながら、男女の（そして広く人間一般の）平等を熱烈に信奉し、なおかつ女性としての自分の外観に非常に気を遣うような女性がいてもおかしくない、ということである。

（4）この点で私は、ジャック・ジュリアールに同意できない。彼はあまりに性急に「代表制民主主義の没落」を結論づけてしまっているように思われる。世論民主主義のために、代表制民主主義が消滅するわけではない。実際には、代理表象のメカニズム、そして代理表象の意味そのものが変化したのであり、世論政治《ドクソクラシー》が登場してきたのも、その変化の一部である。Cf. *La Faute aux élites*（『エリートの落ち度』），Paris, Gallimard, 1997, pp. 214-216.

訳註

序

（1）ゴーシェは、共産主義信仰の消滅とライシテの問い直しを相関的にとらえている。本書第一章を参照。

（2）souveraineté という言葉には「至高性」と「主権」の意味がある。この概念の変貌とは、宗教的・超越的含意の強い前者より、政治的・人間的含意の強い後者のニュアンスが出てきたことである。

（3）この言い回しは、一九八一年に刊行されたクロード・ルフォールの主著のひとつ *L'invention démocratique* をそのまま取り入れたもの。

（4）アウグスティヌスの「神の国」に対応する表現。現代フランスの政治哲学者ピエール・マナンの著作に『人の国』（*La cité de l'homme*）がある。

（5）chose publique は、République（共和国）の元となったラテン語 res publica をフランス語に直訳したものである。「国家」「国民共通の利益」とも訳せるが、そうすると「市民の合意」「共同体の構成員すべてにかかわる事柄」という字義通りのニュアンスが失われるうらみがある。

第一章

（1）「政体」（corps politique）は「王の体」（corps du roi）に寄生するという議論の代表例は、エルンスト・カントーロヴィチ『王の二つの身体』（小林公訳、平凡社、一九九二年）に見出される。

（2）Sécularisation（世俗化）のもともとの意味は、教会財産を公的権力に移譲すること。Laïcisation（非宗教化）は、教会の管轄から外れること、教会の影響力を取り除くことを意味する。もっと積極的には、ライシテ原理に基づいて再構成するという意味を持つ。そのため、宗教否定のニュアンスを持つ「非宗教化」の訳語よりも、解体と構築を同時に喚起する「脱構築」（デリダ）を連想させる「脱宗教化」の訳語のほうがふさわしい気もするが、そうすると今度は、ゴーシェの鍵概念である「宗教からの脱出」との区別がつきにくい。ここでのゴーシェは、laïcisation の意味をやや矮小化しているようにも思われるので、「非宗教化」の訳語を当てた。

（3）一七五〇年という年に何か象徴的な事件が起こったというよりも、フランス革命への本格的な胎動がはじまった十八世紀後半の時代状況一般を指そうとしているのだと思われる。

（4）ヘーゲル『法哲学』第三部第三章「国家」二七二節を参照。

（5）『資本論』第二版の後書きには次のような一文がある。「弁証法は、ヘーゲルの手で神秘化された〔……〕。弁証法は彼において頭で立っている。神秘的な殻に包まれている合理的な中核を見出すためには、これをひっくり返さなければならない」（向坂逸郎訳、岩波文庫、第一巻、一九六九年、三二頁）。これについてのアルチュセールの注釈が、のちのマルクス解釈――ゴーシェも含む――に大きな影響を及ぼしている。「マルクスはヘーゲルの体系を再び足で立たせた〔remis sur ses pieds〕とよく言われる。〔……〕じっさい、転倒とか逆立ちしているものを元に戻すことだけが問題なのであれば、ある対象を完全にひっくりかえすことは、単なる回転をすることであって、明らかに、その本性や内容を変えはしないのだ！逆立ちしている人間が、最後に足で歩いたところで同じ人間に変わりはない！」（『マルクスのために』河野健二・田村俶・西川長夫訳、平凡社ライブラリー、一九九四年、一一一、一一三頁）。

（6）「想像力のある人間」（hommes à imagination）という表現は、サン゠シモン（一七六〇―一八二五）が晩年に執筆を企てた『社会組織論』（未完）の断章に見られる。そこでは、芸術家が、想像力のある人間として、人類の将来を切り開くヴィジョンが示されている。

（7）ムスリム同胞団は、エジプトを中心に発展してきたいわゆるイスラーム原理主義組織。一九二八年に結成され、一九三〇年代から一九四〇年代にかけて都市の労働者や学生に浸透、ナセルら自由将校団によるクーデタを醸成したが、ナセル政権下では弾圧されて地下に潜った。エジプトでは宗教政党は禁じられており、同胞団の政治活動は非合法とされているが、無所属の団員を支援するなど、大きな政治的影響力を行使している。

(8) ここでゴーシェが暗に批判しているのは、ジル・ケペルであろう。ケペルは、二〇〇三年に版を重ねた『神の復讐』(初版は一九九一年、邦訳『宗教の復讐』中島ひかる訳、晶文社、一九九二年)の前書きにおいて、初版刊行当時、ゴーシェの主宰する雑誌『デバ』から皮肉な調子で論じられたと回想している。

(9) ペンテコステ派は、プロテスタントをルーツに二十世紀初頭に生まれた覚醒運動で、一九八〇年代より南米やアフリカを中心に本格的に広がりだした。一般には保守的な神学を掲げた「新興宗教」と目され、第三世界の大衆を飲み込みつつ勢力を拡張している。

(10) アメリカ合衆国中西部から南部にかけて広がる、保守的なキリスト教の強い地域。

第二章

(1) 一八〇一年にナポレオンと教皇ピウス七世のあいだに結ばれた政教条約。翌年の付属条項および一八〇八年の政令をあわせて、カトリック、プロテスタント、ユダヤ教の複数公認宗教体制が作られた。

(2) ここで「外国党」「スペイン党」と呼ばれるものを理解するためには、十六世紀のフランスを取りまく国際関係、特に仏西関係を押さえておく必要がある。宗教改革の波紋を受けたカトリックは「対抗宗教改革」の路線を打ち出すが、フランス王家とスペイン・ハプスブルク家は宗教面ではともにカトリックながら、政治面では敵対関係にあった。当時のフランスは、国内のプロテスタントに対峙しつつ、外国のカトリックの影響を除くという二重の課題の前に立たされていた。

(3) リシュリュー(一五八五—一六四二)は、ルイ十三世の宰相として活躍した、フランス王国の政治家にしてカトリック教会の聖職者(枢機卿)。カトリック国の高位聖職者が、プロテスタント国と手を組んだ点に、宗教問題よりも政治問題を優先させる国家理性の精神がよく現われている。

(4) アルミニウス(一五六〇—一六〇九)は、予定説に疑念を持ち修正を施した、いわばカルヴァン左派のオランダ改革派神学者。ライデン大学の教授職に就任すると（一六〇三）、正統派カルヴァン主義のゴマルス（一五六三―一六四一）とのあいだに激しい論戦を起こした。アルミニウス派には君主制容認の傾向があり、共和政を敷くオランダでは受け入れられなかったが、この宗教論争は政治紛争をも引き起こして、宗教と政治をめぐる問題を浮き彫りにした。

(5) ヴェネチアの住民の大部分はカトリックだったが、ヴェネチア共和国は宗教に対して寛容で、カトリックが対抗宗教改革を掲げた際にも、異端による追放を行なわなかった。そして、これが教皇庁との関係悪化につながった。

(6) 一六四二年のピューリタン革命を示唆するものと思われる。

(7) ピエール・ベール（一六四七―一七〇六）は、プロテスタント思想家で、ナントの勅令を廃止したルイ十四世の治世下において良心の自由を主張した。宗教的寛容を論じた『〈強いて入らしめよ〉というイエス・キリストの言葉に関する哲学的註解』（一六八六―一六八七）は、ロックの『寛容についての書簡』（一六八九）とほぼ同時期に発表されている。

(8) ギヨーム・レナール（一七一三―一七九六）は、イエズス会士であったが、文学サロンに出入りし、自由思想でその名を馳せた。以下に引用されている『二つのインドにおけるヨーロッパ人の進出と通商の哲学と政治の歴史』（一七七〇）は、ディドロらの協力を受けて書かれたもので、王政とカトリックのヒエラルキーを攻撃、さらに重商主義と植民地制度も批判している。出版後、何度か版を重ねたが、一七八一年、禁書処分に付された。

(9) 大文字の「ウルガタ版」と言えば、聖ヒエロニムスの手になるラテン語訳聖書のこと。けれどもここでは小文字で用いられ、形容詞が付されている。「ウルガタ」という言葉は、語義的には「普及版、公衆に広めること」を意味することから、ゴーシェはレナールの議論のなかに、啓蒙主義的な宗教論の典型を見ようとしているのであろう。

(10) アルマン＝ガストン・カミュ（一七四〇―一八〇四）は、憲法制定国民議会と国民公会で議員に選出された。大革命以前は聖職者の弁護士を務めていたが、カトリックを革命政府に協力させる聖職者民事基本法を推進したために、同法への宣誓を拒んだ「宣誓拒否僧」——彼らはかつてのカミュの顧客に当たる——から目の敵にされた。

(11) ルイ十四世は、王権神授説を基にしてガリカニスム（フランス教会独立主義）に依拠、聖職身分臨時会議（一六八一—一六八二）を開いて「四カ条の宣言」を採択させた。また、国家の統一のためには宗教の統一が必要だと考え、一六八五年「フォンテーヌブロー王令」によって「ナントの勅令」を廃止、プロテスタント牧師の追放とプロテスタント教会の破壊を命じた。

(12) 「失地回復運動」という語は、十九世紀後半に出てきた言葉で、本来はイタリア語を言語とする地域の併合を狙う「イタリア回復主義」の意味。ゴーシェは「信心深い」という形容詞をこの言葉に組み合わせることによって、十七世紀のフランス・ガリカニスムの宗教的・国家的性格を評しているのだから、嚙み砕けば「近世国家の枠組みにおける宗教ナショナリズム」と言ってもよいかもしれない。なお、ガリカニスムは、フランスの国権強化をローマへの服従よりも優先することから、ライシテの起源のひとつと考えられる。

(13) ポール・アザール『ヨーロッパ精神の危機』（野沢協訳）法政大学出版局、一九七三年（原書は一九三五年）。

(14) カルヴァン流の予定説の影響を受けたジャンセニスムは、一六四〇年代にフランス上流階級のあいだで反響を呼び、イエズス会と激しく対立した。一六五三年の教皇勅書「クム・オッカジオーネ」により、ジャンセニスムは「異端」とされ禁止されるが、ルイ十四世は神学的な見地からというよりも、この一派の個人主義的な信仰が王国にとって障害になるかもしれないという観点から、警戒感を抱いていた。したがって彼は、国内的にはジャンセニスムを弾圧しつつ、対外的にはローマの弱体化をはかってこれを利用するという、微妙な駆け引きも行なっていた。ジャンセニストの側も、ガリカニスムの考えを取り入れて十八世紀初頭に再び台頭してくるが、ルイ十四世は一七一〇年に、彼らの拠点ポール・ロワイヤル修道院を閉鎖、さらに一七一三年、ジャンセニスムを弾劾する教皇勅書「ウニゲニトゥス」（神の御独り子）を引き出した。

（15）ル・シャプリエ（一七五四―一七九四）は、第三身分の代議士で、一七九一年六月十四日に制定された同名の法律「ル・シャプリエ法」の立役者。同法は、アンシャン・レジーム期に見られた同業組合・職人組合の廃止を定めている。これは、労働者が組合を結成したりストライキを行使したりする権利を禁じるものでもあった。

（16）ジュール・シモン（一八一四―一八九六）は、ヴィクトール・クザン流のスピリチュアリスムの系譜に連なる哲学者・政治家。第三共和政初代大統領ティエールのもとで、公教育大臣に就任した。

（17）原語は「一八七五年の諸法」。上院にかんする法、公権力の組織にかんする法、公権力の相互関係にかんする法が同年に相次いで制定され、これら三法を一括して「一八七五年憲法」と呼ぶ。

（18）ここでは「精神的権力」と訳したが、原語の《pouvoir spirituel》は非常に強い宗教性を喚起する言葉で、「宗教的権力」と訳すことも可能である（対概念の《pouvoir temporel》は「世俗的権力」の意味）。なお、ルヌーヴィエがここでよく使っている《moral(e)》という語にも、「道徳的」のほか、「精神的」の意味がある。

（19）一八九四年、ユダヤ人の大尉アルフレッド・ドレフュスが軍の機密にかかわるスパイ容疑で逮捕され、いったん終身流刑（最終的には無罪）となった事件。再審を求めるドレフュス派と拒否する反ドレフュス派の争いは、ほぼ共和派対カトリックの構図を取った。

（20）教皇ピウス九世（一七九二―一八七八、在位一八四六―一八七八）は、八十項目もの「現代の誤謬」を掲げた「誤謬表」（シラブス）を発し、近代社会の価値観を正面から否定した。第一ヴァチカン公会議では、教皇の発言は真理を告げるもので、誤りはありえないことを確認した。

第三章

（1）フランス（およびヨーロッパ）における一九四五年から一九七五年までの、前例のない経済発展のことをフランス語ではこう呼んでいる。

（2）ゴーシェは、「現代心理学試論」二編（『自らに抗する民主主義』所収）において、この点を詳しく論じている。

第四章

（1）「戴冠」と訳したのは sacre。普通 sacre de Napoléon（ナポレオンの戴冠）や sacre des rois de France（フランス国王の戴冠）などのように用いられるので、こう訳したが、次の二点に注意を喚起しておく。（1）sacre には祝祭的な雰囲気がある（ストラヴィンスキーの『春の祭典』の仏語題は Sacre du printemps）。（2）sacre は sacrer（聖別する、聖なるものにする）に由来し、司祭を司教にする「聖別式」という意味もあるので、sacré「聖なるもの」という語との関連が常に底流にある。この関連は本章ではほとんど目立たないが、第１章で sacraliser l'histoire, sacre de l'histoire（原書 pp. 23, 26［本書四二、四五頁］）という表現が用いられているときには、はっきりと意識されている。Cf. Gauchet, *Un monde désenchanté ?*, éd. de l'Atelier/éd. Ouvriers, 2004, p. 116.

（2）ヘーゲル的な「絶対精神の自己認識」を指している。

（3）原語は chose publique。ラテン語の res publica の直訳である。日本語で「共和国」と訳される république という語はここから来ている。chose publique は通常「国民共通の利益」「国家」と訳されるが――プラトンの『国家』のフランス語題は伝統的に *La République* である――、そう訳してしまうとフランス語の表現が潜在的にもっている共和主義的ないし市民的な含意が完全に消されてしまう（訳註・序（5）、一九八頁参照）。とりわけ、公的な次元・共同存在の次元を強調するゴーシェの文脈にはうまくそぐわないように思われる。字義通りの意味は「共同体の構成員すべてに関わる事柄」なので、国家という意味も含意され、最も広い意味に取れるよう、「公的なもの」と訳した。

（4）ここで問題となっているのは、substance（実体・実質）と fonction（機能・関数）という一対の操作概念である。たとえば、初期カッシーラーの大作『実体概念と関数概念』（*Substanzbegriff und Fun-*

ktionsbegriff, 1910）を想起してもいいだろう。そこでカッシーラーは、現代数学において問題となるのは、もはや単に事実上、実体として存在する数量ではなく、概念的に関数として存在する関係なのだと主張していた。ここでのゴーシェの主張も、公的領域の実体概念から関数概念へ、実体主義的理解から関係論的理解へ、と要約することができる。この操作概念対は本書にたびたび登場している。

（5）「市民社会を規制していた枠が、このように取り払われつつある」と訳したのは、désencadrement de la société civile で、直訳すれば「市民社会の規制緩和」となる。あらゆる規制緩和同様、市民社会の「規制緩和」も、肯定的・否定的な帰結の両面を持つ。本書一三三頁参照。

（6）人権というテーマがフランスの現代思想において注目を浴びるようになったのは、一九七〇年代、ソルジェニーツィンの『収容所群島』が、ゴーシェの師であるルフォールによって本格的に論じられて以来である。ゴーシェは、二〇〇二年、民主主義に関して、これまでに書いてきた論文を集め、『自らに抗する民主主義』という論文集を発表したが、その巻頭を飾る論文「人権は政治ではない」は、一九八〇年に自身の参加する『デバ（*Débat*）』誌に発表されたものであり、巻末を締めくくる論文「人権が政治になるとき」は、その二十年後の二〇〇〇年にやはり同誌に発表されたものであった。人権というテーマが、ゴーシェの「民主主義の人類学」において無視しがたい位置を占めることが分かる。

（7）「定着」と訳した intronisation は、「(国王・司教などの）即位・就任」を意味する。市場的社会の「即位」は当然、市民社会の「戴冠」――本章のタイトル――と並行して理解されねばならない。

（8）原語は、le désencadrement politique de la société civile。個人の権利や利害関係に対して徐々に公権力が介入できなくなる過程。原書 p. 109（本書一二三頁および訳註・第四章（5））を参照のこと。

（9）「法＝権利」と訳した droit には、英語の right やドイツ語の Recht 同様、「法」と「権利」という二つの意味があり、ここではまさにその両面が問題となっている。

第六章

（1）ここでゴーシェは「私的」privé と「剥奪」privation のあいだに、歴史的に限定されているとはいえ、ある本質的な連関を見ているが、これには語源的な根拠がある。つまり、ラテン語の prīvātus「個人の、私的な」は、prīvāre「奪う」の過去分詞形に由来するのである。

（2）基礎神学（théologie fondamentale）は、神学の下位区分のひとつ。教義神学（théologie dogmatique）と対をなす概念として用いる用法が、おそらく最も一般的だろう。教義神学（単に教義学 la dogmatique とも言う）は、すでに信仰をもった者に対し、信仰に基づいて、キリスト教の教義内容を教えようとするが、それに対して基礎神学は、信仰と理性の関係を研究し、とりわけ未だ信仰をもたない者に対して、神に対する人間の務めを教えようとする。ちなみに、一九七九年に発布されたヨハネ＝パウロ二世の教書『キリストの知』（*Sapientia christiana*）第五一条によれば、他の下位区分の中で、基礎神学はエキュメニズム、キリスト教以外の宗教、無神論にかんする問題を扱い、教義神学は信仰箇条・キリスト学・三位一体・秘蹟・教会にかんする問題を扱う。

（3）ゴーシェの用いているフランス語 doctrines compréhensives raisonnables は、ロールズ（一九二一―二〇〇二）が『政治的リベラリズム』（*Political liberalisme*, 1993）など後期の著作で用いている reasonable comprehensive doctrines の訳語に当たる。合理的（rational）・カント的な道徳的構成主義から、道理にかなった（reasonable）市民が共有できる政治的価値の構築を目指す、政治的構成主義へと移行した後期ロールズによれば、哲学や宗教、道徳などの教説 doctrines が「包括的 comprehensive」であるのは、それが「人間の生において価値あるものにかんする概念、個々人の理想像や、友情や家族愛など諸々の関係の理想像、われわれの生を全体的なものとしてとらえた場合、われわれの行動に指針を与えるその他多くのもの」（p. 13）を含んでいるときである。また、これらの包括的な教説は、社会秩序の維持を可能にする根本概念と両立可能なものであるとき、「穏当 reasonable」であると言われる。「穏当で包括的な教説」の特徴は、以下の三つである（p. 59）。①人間の生の主な宗教的・哲学的・道徳的相を、大なり小なり首尾一貫した形でカバーしていること。②他の教説と摩擦が生じた場合、自分を意義深く価値あるものとする根拠を正当化できること。③良き十全なる根拠と見なされるものに基づいて発展していくものであること。原理的には両立しないはずの、穏当で包括的なこれらの教説が多元主義的に共存し、「重なり合う合意 overlapping consensus」を形成している社会こそが、リベラルで民主主義的な「良く秩序だてられた社会 well-ordered society」であり、後期ロールズの理想とした政治的リベラリズムとは、このような社会の構成原理に他ならない。

（4）原語は profanisation で、laïcisation とは区別される。

第七章

（1）ここでもまた、「実体」から「関数」ないし「関係」へのパラダイム転換が語られている。（訳註・第四章（4）、二〇四頁参照）

（2）ドゥルーズ派の「管理社会 société de contrôle」という表現を念頭に置いていると思われる。

訳者解説II——フランス現代思想におけるゴーシェの位置

藤田尚志

「ライシテ」概念がいかなる歴史的・地理的文脈において登場してきたのか、現代日本においてそれを読むことにいかなる意義がありうるのか——巻頭に置かれた解説Iが主に本書の「分析対象」に関するものであったとすれば、これから私が述べることは、主に本書の「分析主体」に関係する。すなわち、ゴーシェの思想的な「出自」とはいったいどのようなものであり、いかなる思想遍歴を経て、現在どのような位置をフランス現代思想において占めているのか。

フランス現代思想

フーコー、ドゥルーズ、デリダといったすでに世を去った大哲学者たち、現役の（政治）哲学者に限って言えば、バリバール、ランシエールやナンシー、そしてイタリア人ではあるが、ネグリやアガンベンといった名前——「フランス現代思想」と言えば、政治的には「主体の解体」を軸とし、アナーキズムに代表されるような極左ラディカリズム、宗教的には宗教を政治的イデオロギーの一変奏と解釈するポスト宗教的な思想、といったイメージが通り相場ではないだろうか。その反動として、「68年革命」の清算を唱えるサルコジ大統領をはるかに先取りする形で、86年前後に、フェリー&ルノーのような右派・保守勢力が台頭してきた、というのもこれまたある程度共有されているイメージであろう。そして、政治哲学を単純な左右対立の物語に回収してしまう解読格子越しに見れば、ゴーシェは単純な右派イデオローグのように見えてしまう危険性がある。

第三の水脈

このような左右対立の構図は、しかしながら、それが日本のみならずアメリカなどでも一定程度のコンセンサスを得た図式であるとしても、フランスの「現代思想」の豊かな広がりの全貌を示すものではない。宇野重規氏は、フランス現代政治哲学の全景をきわめて見通しよく一望させてくれる快著『政治哲学へ——現代フランスとの対話』（東京大学出版会、二〇〇四）において、第三の潮流の存在を指摘し、次のように特徴づけている。

第三のグループは社会科学高等研究院（EHESS）に拠るグループである。とくにそのレイモン・アロン政治研究センターは、その名が示す通り、非マルクス主義系の政治哲学研究の結集の場となっている。創設者はフランス革命史家フュレであり、そのメンバーにはカストリアディスやルフォールがいた。このグループは前の二グループと比べ、内部の同一性は低い。むしろフランス革命研究を中心とする、歴史的な視座からの新しい政治研究、自由主義の知的伝統の再評価、デモクラシー理論の新しい展望、といった関心を最大公約数とする、多様な潮流の結集である。現在の代表的なメンバーは、ピエール・ロザンヴァロン、マルセル・ゴーシェ、ピエール・マナンらである。

ノーマンズランド

私の言葉で言い換えさせてもらえば、フランスには、モンテスキューやトクヴィルに始まり、デュルケムやレイモン・アロンを経て、上記の一群の思想家へと至る「フランス・リベラリスム」――ゴーシェの言葉を借りれば「時代の観察者たち」(observateurs du contemporain) ――の水脈とでもいうべきものが存在する。[1] そして、この潮流に属する現代の思想家の中で、おそらく最も重要な思想家の一人がゴーシェである。彼が位置するのは、相対峙する両軍の間に横たわる非占領地帯《ノーマンズランド》のように、右か左かと簡単に片づけられない灰色の領域なのだ。これが、ゴーシェを読むときに注意せねばならない第一点である。ゴーシェを単純な右派イデオローグとして読むなら、彼のもつ理論的な可能性はすべて失われる。逆に、ゴーシェの思想を紹介することで、先に述べた左右対立の単純な構図を書き換えることにささやかながら寄与したい――これが、私が本書の邦訳に加担しようと思った二つの動機のうちの一つである（もう一つの動機については、本解説の最後で戻ってくることになる)。

師ルフォールの「政治的なもの」の思考

さて、この「第三の潮流」の中で、マルセル・ゴーシェ(一九四六―)の師と呼べる存在は、クロード・ルフォール(一九二四―)である。自らの思想的半生を振り返った対話の中で、大学時代の教師への不満を漏らしたゴーシェは、「それでもルフォールと知り合ったのは大学においてだったのでしょう」と問われ、こう答えている。

> 彼は例外です。大学での勉強で本当に影響を受けた唯一の教師でした。〔……〕二十歳の私にとって、それは革命でした。確実に私の人生の中で最も大切な知的出会いでした。[2]

この出会いは、ゴーシェにとっていかなる点で重要であったのか。ルフォールはその師メルロ=ポンティの影響を受けてマルクス主義から出発し、やがて経済決定論に対して、政治的次元の根源性を主張するに至った政治哲学者である。政治哲学は、政治科学によって対象化されうる狭義の「政治」(*la* politique)を対象とするのではなく、そのような概念化からは必然的にこぼれおちてしまうほかない広義の「政治的なもの」(*le* politique)についての、根底的な思考でなければならない。その後のすべての現代フランス政治哲学者にとって最低限の共同綱領とも言うべきこのテーゼは、ルフォールによって本格的に定式化されたのである。

ゴーシェはやがて、「個人的なものと社会的なもの、心理学的なものと政治的なものとを同時に注視」し、「望遠鏡と顕微鏡を交互に扱う」[3]スタイルを確立していくが、その出発点にはルフォールの「政治的なもの」の思考があり、それと同時に、彼との個人的・人間的な訣別がある。講義を刊行するまでに入れあげていたルフォールとの訣別は、「人間的には残念だったが、知的にはこの常軌を逸した急激な進路変更は私にとって有益でした」とゴーシェは述懐している。

民主主義の特異性、政治的なもの（le politique）の中心性、そしてその観点から民主主義と全体主義の結び付きや対立関係を考慮に入れて一緒に考える必要性など、少なくとも、ルフォールのおかげで理解できるようになったことを徹底的に解明し、その帰結を読み解き始める機縁を私に与えてくれたのですから[4]。

こうしてゴーシェは、ルフォールの切り開いた「政治的なもの」の思考を、しかし「神学‐政治的なもの」（théologico-politique）のほとんど否定神学的な考察へと収斂させていく師とは逆に、社会的・文化的・心理的・教育的な諸領野へと開いていくことになる。

もう一つのポスト構造主義

領域横断性とか学際的研究と言われもするこのような思考の方向性は、むろんルフォールとの師弟関係のみによって築き上げられたのではない。レヴィ＝ストロース、ラカン、フーコーなど、一九六八年前後のフランスの知的活況、いわゆる構造主義の影響を受けていることは明らかである。ゴーシェ自身、この思想潮流に「きわめて多くを負っている」と述べている。では、彼と構造主義の関係はどうであったのか。

私はこの思想を信じてはいましたが、盲目的な信者ではありませんでした。それらの思想領域のそれぞれに関して、良い読解と悪い読解があることは明らかでしたから。〔……〕「批判的な批判」に対する批判を研ぎ澄ますことが重要であるように思われました。結局私がそれ以来やっていることと言えば、絶えず大きくなっていく懐疑を思想的に深めるということにすぎません。(5)

ここで用いられている「『批判的な批判』に対する批判」(critique de la «critique critique»)という表現がマルクス＝エンゲルスの『神聖家族』の副題からとられていることは実に示唆的である。マルクス＝エンゲルスはこの言葉を、ラディカリズムを追求するあまり、思弁的で不毛なメタ批判に没頭していた当時のヘーゲル左派に向けていたからである。ポストモダンの思想をマルクスと結びつけて考えることは、その信者たちにとって自明以上の事柄であるようだが、まずは彼らが「批判的批判」を標榜するヘーゲル左派でなかったかどうかを、慎重に検討する必要があるのではないか。後述する人権論をはじめとして、ゴーシェの思想にはしばしば青年マルクス的な色合いが見られるが、これは彼個人の資質というよりも、時代の巡り合わせなのかもしれない。

いずれにしても、繰り返し確認しておくべきは、ゴーシェが68年の思想に対して「急速に批判的になっていったにもかかわらず、忠実であり続けたという印象」をもっているという事実である。[6]「私は転向しました」と言ってはばからないゴーシェはまた、「ルフォールから遠ざかることで、私にとって政治的な無定見であるように思われ始めたものとも距離をとることになりました。要するに、通常の政治へと戻ることで『右旋回』したというわけです」とも述べているが、[7]まさにこの「転向」と「右旋回」の意味を考え抜くことこそが、フランス現代思想におけるゴーシェの理論的価値を測ることにつながるのである。ありえたはずのもう一つのポスト構造主義をゴーシェに重ね見ること。

ゴーシェの哲学的企て——超越論的人間社会学

さて、では、ゴーシェの思考を一言で要約するとすれば、どう特徴づけられるだろうか。ゴーシェは、自らの思索を「歴史を介してはいるが、私のプロジェクトは哲学的な次元のものです」

と述べ、この哲学的なプロジェクトの全体は「超越論的人間社会学」(anthroposociologie transcendantale) と規定されうるとしている。(8) ゴーシェ自身「滑稽なほど壮大」と半分茶化している この規定を難しく考える必要はない。人類を人間たらしめているものについて研究することになるから「人間学」であり、そうすると社会的な側面も不可避的に関係してくるから「社会学」なのであり、総体という哲学的な次元、可能性の条件を問うことになるから「超越論的」なのである。

ただし、「歴史を介し」、「時代の観察者」に徹する以上、問題となるのは、近代以後の人間における広義の「政治的なもの」、すなわち「社会的なもの」と「心理的なもの」との同時的な生成変化を跡づけることである。「私の仕事は見たところ多様であるが、全体として一つの同じ問題をめぐってなされている。その問題とは、十六世紀に勃発して以来、たえず深まり拡大してきた西欧近代の革命のもつ性質とは何かというものである」というゴーシェの言明も、あくまでこのような文脈において理解されねばならない。

すなわち、ルネサンス、イタリアのユマニスム以来の個人の権利に関する理論的発展、ルターやカルヴァンらの宗教改革、そしてガリレイやデカルトによる「普遍数学」、ないし機械論的科学の発明を通じて、ヨーロッパで生じた大変動を本当に理解しようと思えば、歴史学・政治哲学・宗教学・人類学・社会学・心理学・教育学を総動員しつつ、人間を同時に社会的側面と心理的側面の両方から、民主主義の問題であると同時に主体性の問題でもあるようなものとして、包括的な解明を行なわなければならないということである。

ゴーシェの仕事の分類

このような視点から、便宜上、ゴーシェの仕事を大ざっぱに「心理的なもの」と「社会的なもの」という二つのカテゴリーに分けて（それぞれのカテゴリーはさらに二つに区分される）、彼の仕事の全体像をざっと見ておくことにしよう。

I　「心理的なもの」に関する研究

（1）精神医学史

まず第一に挙げられるのは、グラディス・スウェイン（一九四五―一九九三）との密接な共同作業による、精神医学史的な研究である。

①『人間精神の実践――精神病院と民主主義革命』*La pratique de l'esprit humain : L'institution asilaire et la révolution démocratique* (en collaboration avec Gladys Swain), Gallimard, 1980 ; repris dans la coll. «Tel», 2007.

②『脳の無意識』*L'Inconscient cérébral*, éd. Seuil, coll. «La Librairie du XXe siècle», 1992.

③『狂人との対話』*Dialogue avec l'insensé. À la recherche d'une autre histoire de la folie* (en collaboration avec Gladys Swain), Gallimard, 1994.

④『真のシャルコー――無意識の辿った予期せぬ道』*Le Vrai Charcot : Les chemins imprévus de l'inconscient* (en collaboration avec Gladys Swain), Calmann-Lévy, 1997.

ピネルやエスキロールといった、十八世紀末の精神医学の創始者たちの丹念な再読解を通じて、フーコーの『狂気の歴史』のテーゼ――この時代、「狂人」は「病人」として鎖から解放され保護されると同時に排除されるのであり、こうして古典主義時代以来の、理性と非理性の分割形態が一応の完成を見る――に異議を唱え、むしろピネルらの言説に古典主義時代との断絶を見、理性の確立ではなく、不確実に揺れる理性の姿を描き出す①や、それに加えてラカン派精神分析の負の遺産を批判的に検討する③。②と④は、「なぜまだ不確実な部分が圧倒的に多いにもかかわらず、〈無意識こそが我々の行動を司っている〉という観念だけは確実に浸透し得たのか」という問いから出発して、その答えをフロイト以前、すなわち十九世紀後半の神経科学の発展に見出すことで、あるいはフロイトの陰で歪曲されたイメージのもとに閉じ込められていたシャルコーを精緻に読み直すことで、いわば精神分析の支配的な影響力を足元から掘り崩そうとする。この領域で批判的な遺産継承の標的となっているのはフロイト、ラカン、フーコーである。

自身精神科医でもあり、慧眼な科学史家でもあったスウェインの死後(一九九三年)、この方面の研究は計画変更を余儀なくされた、とゴーシェは述べている。「この歴史を包括的なパースペクティヴの中で取り上げ直してみたいのです。いくつかの鍵になる瞬間を、しかるべく深められた形で、ただし一般的な歴史、すなわち私が個人性の原理と呼ぶものの歴史の中に置き直した形で。この糸を辿っていくのは、近代における個人－人格－主体の錯綜した歴史に入り込むにはもってこいの方法です」（*Ibid.*, pp. 190-191）。

（2）教育論

次に、「心理的なもの」の領域に属しながら、従来あまりその重要性が強調されてこなかった、学校教育に関する研究が挙げられる。数は少ないが、前述した「近代における個人－人格－主体の錯綜した歴史」を、ゴーシェ独自の観点から個人の発達・変容の次元で跡づけている点で、重要である。

⑤『教育の政治哲学のために』*Pour une philosophie politique de l'éducation* (en collaboration avec Marie-Claude Blais et Dominique Ottavi), éd. Bayard, 2002 ; Hachette littératures, coll. «Pluriel», 2003.

⑥『教育の諸条件』*Les conditions de l'éducation* (en collaboration avec Marie-Claude Blais et Dominique Ottavi), Stock, 2008.

先に見た通り、「68年の思想」の大きな影響を受けたゴーシェだが、ここでもまさに、「学校」を「監獄」や「工場」や「病院」などとともに、呪詛の対象とするほかなかったポスト構造主義の空隙を衝いている。「先天的な制度的弱さをもっていたフランスの大学は、大衆化に飲み込まれてしまいました。しかも、知識人の国、他のいかなる国よりも教育を信じきっている国において、まさに文化的に沸騰し、知識社会へと移行しつつあった時期に、です。それゆえ危機は先鋭化した形で、ありえない規模で噴出したのです」[9]。大学や高等教育のみならず、教育全体の激変期に身を置きながら、ブルデューとデリダを除けば[10]、現代フランス思想家たちは、この問題に対して積極的な理論的取り組みをしたとは言えない。ゴーシェのこの分野における数少ない「教育の哲学」の専門家であるドゥニ・カンブシュネールが、ゴーシェのこの分野における数少ない仕事——とりわけ、次に挙げる論文集⑩に収められた「学校から学校自身の学校へ。民主主義的個人主義の限界と矛盾」（一九八五年）と、⑤所収のエッセイ「民主主義、教育、哲学」——を、「過去二十年か二十五年間にフランスでなされた数少ないめぼしい成果の一つ」として、ランシエールやアラン・ルノーの仕事とともに挙げていることを特記しておこう[11]。

II 「社会的なもの」に関する研究

(3) 民主主義論

ここに属する研究が最も豊富である。とりわけ全四巻が予告されている（第二巻まで既刊）大部の⑬が、現時点でのゴーシェ思想の集大成の趣きを有していることは、彼の関心の中心が「民主主義の人間学」にあることを示している。

⑦『人権革命』*La Révolution des droits de l'homme*, Gallimard, 1989.

⑧『民主主義の諸状況』*Situations de la democratie* (en collaboration avec Pierre Manent et Pierre Rosanvallon), Seuil, coll. «Hautes Etudes», 1993.

⑨『諸権力の革命——主権、人民、代表制』*La révolution des pouvoirs : la souveraineté, le peuple et la représentation 1789—1799*, Gallimard, 1995.（邦訳『代表制の政治哲学』みすず書房）

⑩『自らに抗する民主主義』*La démocratie contre elle-même*, Gallimard, 2002.

⑪『現代の民主主義』*La démocratie de notre temps*（avec Pierre Manent et Alain Finkielkraut), Genève : éd. Tricorne/Répliques-France Culture, 2003.

⑫『政治的条件』*La condition politique*, Gallimard, 2005.

⑬『民主主義の到来』*L'Avènement de la démocratie*, t. 1 : La Révolution moderne, t. 2 : La Crise du libéralisme, Gallimard, 2007.

⑭『現代民主主義における二つの危機の時代』*La démocratie d'une crise à l'autre*, Cécile Defaut, 2007.

フランス現代思想に総じて言えることは、大文字の理念や概念に対する非常な警戒心である。だからこそ、「人間」や「主体」といった概念が、執拗に、手の込んだ仕方で処理される必要があったわけだ。政治哲学の領域で言えば、狭義の「政治」概念の失効と広義の「政治的なもの」の登場には先に触れたが、それ以外にも「人権」や「国家」といった概念への無関心ないし軽視、「正義」や「法」といった概念への困惑など、ある時期以降のデリダやバリバールが問おうとするまで、放置されてきた問題系は多い。ゴーシェは、精神医学史においてと同様、ここでも歴史という迂回路を経て、事態に異なる光を当てようとする。十六世紀以来の大きな流れ（⑬、ちなみに⑭はそのダイジェスト版のような色合いが強い）、フランス革命前後の分析（⑦や⑨）、十九世紀から現代までの民主主義分析（⑩〜⑫）において、他律性としての神がどこまでも引き退いていき、人間が次第に自律性を獲得していくと同時に、民主主義の根源的な不安定性が増大していく様を、実にさまざまな現象の分析を通して描き出している。

（4）宗教論

最後に、「社会的なもの」の領域の中心部分に属するものとして、「宗教的なもの」に関する多くの著作があり、それらは基本的には⑮の発展・深化・総合、あるいは批判や質問（とりわけその「宗教からの脱出」テーゼへの）に対する応答や対話からなっている。

⑮『世界の脱魔術化——宗教の政治史』*Le Désenchantement du monde. Une histoire politique de la religion*, Gallimard, 1985 ; repris dans la coll. «Folio essais», 2005.

⑯*La religion dans la démocratie : Parcours de la laïcité*, Gallimard, Paris, 1998 ; repris dans la coll. «Folio essais», 2001.（本書）

⑰『宗教以後の宗教的なもの』*Le religieux après la religion*（avec Luc Ferry), Grasset, coll. «Nouveau Collège de Philosophie», 2004 ; LGF, coll. «Livre de Poche», 2007.

⑱『脱魔術化された世界?』*Un Monde désenchanté ?*, éd. l'Atelier, 2004 ; Pocket, coll. «Agora», 2007.

⑲『耳を傾けるとき――教会と現代の新たな関係に向けて（ベネディクト十六世）』*Le temps de l'écoute. Vers un nouveau rapport entre Eglise et âge moderne* (*Benoît XVI*) (avec Luc Boltanski et al.), éd. Parole et Silence, coll. «Ecole Cathédrale», 2006.

⑳『宗教は今なお民衆の阿片なのか？』*La religion, est-elle encore l'opium du peuple ?* (avec Alain Houziaux, Olivier Roy et Paul Thibaud), éd. l'Atelier, coll. «Questions de vie», 2008.

㉑『宗教、近代、民主主義――マルセル・ゴーシェとの対話』*Religion, modernité et démocratie. En dialogue avec Marcel Gauchet* (sous la direction de François Nault), Presses Universitaires de Laval, coll. «Hors-Collection», 2008.

本書を含めたゴーシェの宗教論の特質については、解説Iに譲ることにしたい。我々としてはただ、フーコーやドゥルーズをはじめとするフランス現代思想が往々にして、宗教の提起する問題に真正面から取り組んでこなかったことに注意を喚起するにとどめる。

ポストモダンの思想家の中で、最も積極的に宗教に取り組んでいるジャン＝リュック・ナンシーは、自らの進める「キリスト教の脱構築」の「第一公理」として、「キリスト教は西洋と切り離せない」を挙げた際に、「これから問題提起しようと思うことの大部分もそうなのだが、マルセル・ゴーシェの著作『世界の脱魔術化』の、とりわけ「宗教からの脱出の宗教」と題されたキリスト教に関する部分に、かなりの点で賛同できる」と述べている。[12] ナンシーの重要な共同体論である『無為の共同体』が、ゴーシェの主著である『世界の脱魔術化』とほぼ同時に出たことは、実に興味深いシンクロニシティであると言わねばならない。

最後に、ゴーシェ思想の広がりを見渡すのに便利な二冊の対談を挙げておく。

㉒『マルセル・ゴーシェとの対話』*Entretiens avec Marcel Gauchet* (avec K. Von Bulow), éd. Kimé, coll. «Sens de l'histoire», 1997.

㉓『歴史的条件』*La condition historique*, Stock, coll. «Les essais», 2003 ; Gallimard, coll. «Folio essais», 2005.

また、簡便でよくまとまった入門書としては、Marc-Olivier Padis, *Marcel Gauchet. La Genèse de la démocratie,* (éd. Michalon, coll. «Le bien commun», 1996) がある。

フランス現代思想を流行の桎梏から解き放つために

勘違いしないでほしいのだが、私は「ポスト構造主義」なり「ポストモダン」の形而上学的性格を非難して、社会学的であれ、心理学的であれ、宗教学的であれ、単純に実証的な研究に戻れと言っているのではない。そうではなく、思想が思想であるかぎり形而上学的性質をもつのは当然のことなのだから、問うべきは「いかなる形而上学か」だというのである。重要なのは、「形而上学か批判か（あるいは実証研究か）」ではなく、形而上学を批判や実証研究の吟味にかけることだ。最も難しいのは、形而上学的な思考を極限まで推し進めることではない。極限にまで進みたいというのが、盲目的な形而上学的衝動の本質だからである。そうではなく、それが「現実」と触れ合う地点に留め置くことこそが、真に難しいことなのだ。フーコーの衣鉢を継ぎながら、フーコーに抗する歴史家的哲学者の繊細な手つきを見せてきたゴーシェの仕事には、現代思想に関心をもつ人々にとって、見るべきもの、学ぶべきものがある。思想的な総決算に乗り出したゴーシェは今や、自らの壮大なヴィジョンを打ち出そうとしているが、その帰趨がいかなるところに落ち着こうとも、ゴーシェの美点と私に見えるものが揺らぐことはない。

私は「ゴーシェはフーコー、ドゥルーズ、デリダより偉大だ」などとは決して言わないし、後世に名前の残る思想家だというつもりさえない。そのような「評価」で本を読ませようとする姿勢自体、何の意味もないものだ。大切なのは、ポストモダン以後、ポストモダンの遺産を「死んだ犬」として扱うのでも、神聖侵すべからざる「聖遺物」として扱うのでもなく、なまなましい「問題」として真の意味で受け継ぐために、ゴーシェとともに、おそらく時にはゴーシェに抗しつつ、考えていくことだ。そして、これが、私が本書の邦訳に加担しようと思った二つ目の動機であった。

本書の性格や、翻訳の分担、邦訳独自の工夫については、解説Iの末尾を参照していただきたい。思えば共訳の作業は、訳者二人がフランス北部の地方都市リールで、それぞれの博士論文を準備すべく数年間を過ごしていたときに開始したのであった。知的な、人間的な出会いに満ちたあの数年間は貴重だったと振り返って思う。その後、二人とも無事に博士論文を完成し、伊達は日本の「北」、藤田は「南」で教鞭をとりながら、共訳の完成を迎えることができた。今の日本の若手研究者を取り巻く厳しい状況を考えれば、実に幸運なことである。

最後に、本書が日本語として読むに耐えるレベルに達しているとすれば、それは南山宗教文化研究所の奥山倫明氏と、編集の中嶋廣氏に非常に多くのものを負っている。そもそも本書の翻訳計画は奥山氏の発案によるものであって、氏は時間と労力を惜しまれず、私たちの訳文全文を熟読して、実に多くの具体的なアドバイスをくださった。記して感謝の気持ちを表したい。

註

（1）モンテスキュー、トクヴィル、マルクスの名を挙げつつ「私は、時代の観察者たち（observateurs du contemporain）の遺産の中に身を置いているという印象をもっています」と述べている（Marcel Gauchet, *La Condition historique. Entretiens avec François Azouvi et Sylvain Piron*, éd. Stock, 2003, p. 8）。

（2）Gauchet, *La Condition historique*, *op. cit.*, p. 22. また、宇野、上掲、九九、一三六頁。

（3）ゴーシェ『代表制の政治哲学』の「日本語版への序文」、みすず書房、ii頁。

（4）Gauchet, *La Condition historique*, *op. cit.*, p. 23.

（5）*Ibid.*, p. 46.

（6）*Ibid.*, p. 47.

(7) *Ibid.*, p. 161.

(8) *Ibid.*, p. 10.

(9) *Ibid.*, p. 42.

(10) 忘れ去られてしまったアルチュセール派の社会学者ロジェ・エスタブレとクリスティアン・ボードゥロによる学校分析も挙げておこう。Christian Baudelot et Roger Establet, *L'Ecole capitaliste en France*, Librairie François Maspero, coll. «Cahiers libres», 1971. ちなみに、フランス現代思想における教育論、とりわけ大学論の不在を批判し、それを補う試みとして、以下の拙稿を参照していただければ幸いである。「条件付きの大学——フランスにおける哲学と大学」、西山雄二編『哲学と大学』、未来社、二〇〇九年、二三四—二四八頁。Hisashi Fujita, «L'Université manque à sa place dans la philosophie française, ou de La Politesse de Bergson», in Y. Kobayashi et Y. Nishiyama (éd.), *Philosophie et Education II. Le droit à la philosophie*, Tokyo : UTCP, 2009, pp. 21-36.

(11) Denis Kambouchner, "L'éducation, question première", *Revue de Métaphysique et de Morale*, octobre-décembre 2007, pp. 415-416.

(12) Jean-Luc Nancy, *La Déclosion*（*Déconstruction du christianisme I*）, éd. Galilée, 2005, p. 207.（ナンシー『脱閉域——キリスト教の脱構築1』、大西雅一郎訳、現代企画室、二〇〇九年、二八二頁）実際、キリスト教のもつ内在的な論理こそが人間を自律へと向かわせたという考え、キリスト教こそが「宗教からの脱出」をもたらした宗教であったという考え、一神教的な神の峻厳な偉大さがこの世から遠ざかれば遠ざかるほど、逆説的に人間は現世において自由な主体たらざるを得なくなり、民主主義が開花していくという考えは、現代世界における神の引き退きと人間における喪失した意味の探究についてのナンシーの思想に時間的に先行している。

訳者紹介

伊達聖伸（だて　きよのぶ）

1975年生まれ。東京大学大学院人文社会系研究科博士課程単位修得退学。2002年から2007年までフランス留学。リール第三大学博士課程修了、Ph.D（パリ高等研究院との共同指導）。現在、東北福祉大学総合福祉学部専任講師。専門は、宗教学、フランス語圏地域研究。訳書に、ジャン・ボベロ『フランスにおける脱宗教性（ライシテ）の歴史』（三浦信孝との共訳、白水社）、論文に「ライシテは市民宗教か」（『宗教研究』）など。

藤田尚志（ふじた　ひさし）

1973年生まれ。東京大学大学院人文社会系研究科博士課程単位修得退学。2000年から2006年までフランス留学。リール第三大学博士課程修了、Ph.D。現在、九州産業大学国際文化学部専任講師。専門は、フランス近現代思想。共著として『ベルクソン読本』（法政大学出版局）や『哲学と大学』（未来社）、論文に「ドゥルーズか、ベルクソンか」（『思想』2009年12月号）など。日本フランス語フランス文学会2010年度学会奨励賞受賞。

＊編集協力・奥山倫明

＊本書の刊行に際し南山宗教文化研究所の協力と支援を得た。同じ方法で次の書籍が刊行されている。
『宗教の比較研究』（J.ヴァッハ著、渡辺学他訳、1999年、法蔵館）
『異文化から見た日本宗教の世界』（ポール・L・スワンソン／林淳編、2000年、法蔵館）
『メイド・イン・ジャパンのキリスト教』（M・R・マリンズ著、高崎恵訳、2005年、トランスビュー）

著者紹介

マルセル・ゴーシェ（Marcel Gauchet）

1946年生まれのフランスの哲学者。社会科学高等研究院（EHESS）教授で、レイモン・アロン政治研究センターに所属。『記憶の場』の編者ピエール・ノラとともに『デバ』誌を創刊、主筆を務める。民主主義を生きる人間の歴史的条件を問い続ける哲学者であると同時に、アクチュアリティに切り込むジャーナリストでもある。著作は『世界の脱魔術化』（1985年）をはじめ多数。4巻本予定の『民主主義の到来』は現在第2巻まで刊行中。

民主主義と宗教

二〇一〇年二月五日　初版第一刷発行

著者　マルセル・ゴーシェ
訳者　伊達聖伸
　　　藤田尚志
発行者　中嶋廣
発行所　株式会社トランスビュー
東京都中央区日本橋浜町二-一〇-一
郵便番号一〇三-〇〇〇七
電話〇三（三六六四）七三三四
URL http://www.transview.co.jp
装幀者　高麗隆彦
印刷・製本　中央精版

ISBN978-4-901510-79-0　C1010